XI. Parteitag der SED
Berlin, 17. bis 21. April 1986

XI. Parteitag der SED
Berlin, 17. bis 21. April 1986

Bericht des Zentralkomitees der Sozialistischen Einheitspartei Deutschlands an den XI. Parteitag der SED

Berichterstatter:
Genosse Erich Honecker

Dietz Verlag Berlin 1986

ISBN 3-320-00659-2
3. Auflage
Foto: ADN/Zentralbild
© Dietz Verlag Berlin 1986
Lizenznummer 1 · LSV 0296
Printed in the German Democratic Republic
Gesamtherstellung:
(140) Druckerei Neues Deutschland, Berlin
Best.-Nr.: 738 184 0

00100

I. Die Beschlüsse des X. Parteitages sind erfüllt

Liebe Genossinnen und Genossen!

Das Zentralkomitee unserer Partei hat auf seiner letzten Tagung am 11. April zur Durchführung der Beschlüsse des X. Parteitages Stellung genommen. Es hat mich beauftragt, den Delegierten des XI. Parteitages Rechenschaft über die Tätigkeit des Zentralkomitees zwischen den beiden Parteitagen abzulegen und zugleich Vorschläge für die Arbeit der Partei bis zum Jahre 1990 und darüber hinaus zur Beratung und Beschlußfassung zu unterbreiten. Das ist keine leichte Aufgabe, da über die Innen- und Außenpolitik der DDR, wie sie das Zentralkomitee seit dem X. Parteitag behandelt hat, stets nicht nur unsere Partei, sondern die ganze Öffentlichkeit umfassend, ja man kann sagen, bis ins Detail informiert wurde.

Gemeinsam mit allen Bürgern der DDR haben die Mitglieder und Kandidaten der SED aktiv für die Verwirklichung der Beschlüsse des X. Parteitages der SED gearbeitet. Wenn wir alles, was sich seit dem X. Parteitag durch unser Zutun entwickelt hat, auf des Lebens goldene Waage legen, dann können wir auf diesem unserem XI. Parteitag feststellen: Unsere Partei hat Wort gehalten. Wir haben die Beschlüsse des X. Parteitages erfüllt.

Wir haben sie erfüllt in einer Zeit, die an uns, an unsere Partei, an unser Volk oftmals hohe Anforderungen stellte. Wir haben in einer

Zeit, die von harten internationalen Auseinandersetzungen gekennzeichnet war, in einer Welt, die nach einer Periode der Entspannung in eine Situation schärfster internationaler Konfrontation geriet, unser Schiff zuverlässig durch die Brandung gesteuert. Eine große solidarische Unterstützung gaben uns dabei die Partei Lenins, die KPdSU, die Sowjetunion, die sozialistischen Bruderländer, die gleich uns mit Erfolg den erhabenen Zielen des Sozialismus und Kommunismus entgegenstreben.

Überblickt man die letzten 5 Jahre, so können wir bei aller gebotenen Bescheidenheit sagen, daß dank der schöpferischen Arbeit unseres Volkes, der Arbeiter, der Bauern, der Intelligenz und der anderen Werktätigen, sich in der Deutschen Demokratischen Republik, ungeachtet vielfältiger imperialistischer Störmanöver, der Sozialismus weiterentwickelt hat. Er ist zwar noch nicht vollkommen, wir sind jedoch gut vorangekommen.

Wenn in der internationalen Arena oft die Frage gestellt wird, was realer Sozialismus ist, so kann man mit Stolz auf unser gemeinsames Werk verweisen. Es gibt keinen Zweifel: Als einer der beiden Staaten, die im Ergebnis des zweiten Weltkrieges und der Nachkriegsentwicklung auf deutschem Boden entstanden, hat die DDR etwas vollbracht, das von ihren Freunden gewürdigt wird, von ihren Feinden nicht übersehen werden kann. Anstelle der alten Gesellschaftsordnung haben wir eine neue errichtet.

Im Gegensatz zur Bundesrepublik Deutschland haben wir in der Deutschen Demokratischen Republik, an der sensiblen Trennlinie zwischen zwei verschiedenen sozialen Systemen in Europa, zwischen dem Warschauer Vertrag und der NATO unter weltoffenen Bedingungen eine Gesellschaft geschaffen, in der die Ausbeutung des Menschen durch den Menschen beseitigt ist, in der sich die schöpferischen Kräfte des Volkes voll entfalten können. Unser Volk hat aufgrund der Entwicklung der Produktivkräfte und der sozialistischen Produktionsverhältnisse einen Lebensstandard erzielt wie noch nie in seiner Geschichte. Arbeitslosigkeit ist für uns ein Begriff aus einer anderen, fremden Welt. Gewährleistet sind bei uns soziale Sicherheit und Geborgenheit, Vollbeschäftigung, gleiche Bildungschancen für alle Kinder des Volkes. Als wichtigste Aufgabe betrachten wir die Erhaltung des Friedens und damit die Aussicht auf eine gesicherte Zukunft.

Kurz und gut, mit vollem Recht dürfen wir sagen, daß die herrschende Klasse, die Arbeiterklasse, im Bündnis mit den Bauern, der Intelligenz und allen Werktätigen eine Gesellschaft gestaltet hat, die sich sehen lassen kann. Das wurde erreicht dank des unerschütterlichen Vertrauensverhältnisses zwischen Partei und Volk. Es wurde erreicht durch den Fleiß, die Disziplin, das Können und die Leistungen der Werktätigen in Stadt und Land. In den vergangenen 40 Jahren hat unsere Partei, hat die Arbeiterklasse gelernt, die Gesellschaft zu leiten. Die damit vollzogenen Veränderungen in der Wirklichkeit unseres Landes sprechen für sich. Deutlich wird dies auch an den Ergebnissen der letzten fünf Jahre, in denen die Werktätigen ein Nationaleinkommen von 1,087 Billionen Mark erzeugt haben, das zu über 90 Prozent durch die Steigerung der Arbeitsproduktivität erwirtschaftet wurde. Wie man die Dinge auch immer betrachtet, für den Aufstieg der DDR, für den Aufstieg unserer Volkswirtschaft, für das materielle und kulturelle Lebensniveau der Menschen sind die geistigen Potenzen unseres Volkes von entscheidender Bedeutung. Seit Gründung der DDR haben 1,9 Millionen Bürger ein Studium an Hoch- oder Fachschulen absolviert. Bei uns sind sie nicht arbeitslos, während allein in der BRD Zehntausende, die solche Bildungsstätten besucht hatten, keine entsprechende Beschäftigung finden und stempeln gehen müssen. Es gibt bei uns keine Rotstiftpolitik auf sozialem Gebiet, bei der Auswahl der Kandidaten für die Volksvertretungen keine Bestechungsaffären durch Banken und Konzerne. Was es in der Deutschen Demokratischen Republik gibt, das sind Vollbeschäftigung, zunehmender Volkswohlstand, soziale Gerechtigkeit, die ausschließliche und volle Demokratie des Volkes in wahrer Freiheit.

Das neue Leben ist auferstanden aus Ruinen und der Zukunft zugewandt. Der Sieg der Antihitlerkoalition über den Faschismus, zu dem die Sowjetunion den größten Beitrag leistete, brachte auch dem deutschen Volk die Befreiung. Er öffnete den Weg in eine neue Zukunft. Der 40. Jahrestag der Befreiung war ein Meilenstein bei der Vorbereitung des XI. Parteitages und hat der Initiative der Menschen unseres Landes starke Impulse verliehen. Mit dem erfolgreichen Aufbau des Sozialismus, das bleibt auch weiterhin gültig, bewahren und verwirklichen wir das Vermächtnis aller, die für die Rettung der Menschheit vor der braunen Barbarei, für eine bessere Zukunft der Völker gekämpft haben.

Partei und Volk sind bei uns durch tiefes Vertrauen verbunden, handeln gemeinsam zum Wohle des Volkes und haben bewiesen, daß sie in solcher Gemeinsamkeit allen Anforderungen der Zeit gerecht werden. Die SED ist die Partei von Karl Marx und Friedrich Engels, Wilhelm Liebknecht und August Bebel, ist die Partei von Karl Liebknecht und Rosa Luxemburg, deren Andenken mehr als 250 000 Berliner in den ersten Januartagen dieses Jahres wieder mit einer machtvollen Demonstration für Frieden und Sozialismus ehrten. Die SED ist die Partei von Ernst Thälmann, von Wilhelm Pieck, Otto Grotewohl und Walter Ulbricht. In der mehr als hundertjährigen Tradition der revolutionären deutschen Arbeiterbewegung stehend, setzt sie diese Tradition in der Gegenwart fort und bereichert sie durch ihre schöpferische Tätigkeit zum Wohle des Volkes. Unzerstörbare Kampfgemeinschaft verbindet die SED mit der KPdSU und den Bruderparteien der anderen sozialistischen Länder, sie gehört fest zur kommunistischen Weltbewegung. Mitglied unserer Partei zu sein, in ihren Reihen für die edle Sache des Sozialismus und Kommunismus zu wirken, ist für uns Ehre und Verpflichtung, ist der Sinn unseres Lebens, berechtigt jeden von uns zu Stolz, heißt für jeden von uns, ein Sohn des Volkes zu sein und zu bleiben.

An der Vorbereitung des XI. Parteitages haben sich Millionen Bürger der DDR mit ihren Leistungen zur Stärkung der sozialistischen Gesellschaft, mit ihren Gedanken, Erfahrungen und Vorschlägen beteiligt. Das kennzeichnete den sozialistischen Wettbewerb ebenso wie die große Volksaussprache. Wohlbegründet empfinden die Bürger unserer Republik tiefe Genugtuung über das Erreichte. Was wir gemeinsam geschaffen haben, bestärkt uns in der Gewißheit, daß wir die Aufgaben bis 1990 und darüber hinaus bis zum Jahr 2000, die auf der Tagesordnung des XI. Parteitages stehen, voller Zuversicht und Elan in Angriff nehmen können und sie erfolgreich bewältigen werden.

Dem Zentralkomitee ist es in dieser Stunde ein Bedürfnis, allen Werktätigen unseres Landes, allen Kommunisten für ihre seit dem X. Parteitag der SED geleistete Arbeit von ganzem Herzen zu danken.

II. Die internationale Lage und die außenpolitische Tätigkeit der SED

Liebe Genossinnen und Genossen!

Seit dem X. Parteitag hat sich vieles in unserem Land und in der Welt verändert. Die internationale Lage hat sich durch den Hochrüstungs- und Konfrontationskurs maßgeblicher Kreise der USA und der NATO zugespitzt. Angesichts dieser die Existenz der Menschheit bedrohenden Vorgänge sah und sieht es unsere Partei als entscheidende Aufgabe an, durch ihr Tun und Handeln ihren Beitrag zur Minderung der Kriegsgefahr zu leisten. Bei Begegnungen mit Persönlichkeiten des Westens unterschiedlichster politischer Richtungen wurde im Rahmen des Dialogs nach Wegen gesucht, dies zu erreichen. Rückblickend kann man sagen, daß unsere Politik von unserem Volke gut verstanden worden ist und sich auf die internationale Situation, auf das Eintreten für friedliche Perspektiven günstig ausgewirkt hat.

Eine neue Etappe in unserer Friedenspolitik eröffnen das initiativreiche Herangehen der Sowjetunion an die weltpolitischen Fragen, ihre umfassenden Programme für die Befreiung der Welt von allen Atomwaffen bis zum Jahr 2000 und für die Schaffung eines Systems der internationalen Sicherheit. Mit diesen von Michail Gorbatschow verkündeten, vom XXVII. Parteitag der KPdSU beschlossenen Vorschlägen stimmen wir in jeder Beziehung überein und beteiligen uns an ihrer Verwirklichung. Sie liegen ganz im Sinne unseres Ideals einer Welt ohne Waffen und ohne Gewalt, einer Welt, in der jedes Volk frei über seinen Entwicklungsweg, seine Lebensweise entscheidet. Überall finden sie ein großes, zustimmendes Echo. Dagegen fehlen Anzeichen einer Bereitschaft der USA, den Weg der nuklearen Abrüstung einzuschlagen, auf Atomtests, auf SDI zu verzichten. Dieser destruktiven Politik erweist die Regierung der BRD Unterstützung, was ihre Beziehungen zu den sozialistischen Ländern, einschließlich zur DDR, kompliziert und den Interessen der Sicherheit und Zusammenarbeit in Europa Schaden zufügt.

Um dem zu entsprechen, was man nach dem ersten Gipfeltreffen zwischen Michail Gorbatschow und Ronald Reagan sowie ihrer gemeinsamen Erklärung den „Geist von Genf" genannt hat, sind unseres Erachtens nicht nur Worte, sondern Taten erforderlich. Erforderlich ist der ernsthafte Wille, nicht in den Denkschablonen der Konfrontation und des Strebens nach militärischer Überlegenheit zu verharren, sondern auf neue Weise an die Dinge heranzugehen, neue Formen und Verfahren in den Beziehungen zwischen den verschiedenen sozialen Systemen, Staaten und Regionen zu finden. Jede auch noch so geringe Chance gilt es zu suchen und zu nutzen, um die Tendenz einer ständigen Erhöhung der Kriegsgefahr zu stoppen, sie umzukehren zur ständigen Stabilisierung des Friedens.

Der erste Schritt, die Welt von Atomwaffen zu befreien, kann nur sein, daß man aufhört, immer neue zu testen. Entgegen dem von der UdSSR im August 1985 einseitig übernommenen und seither wiederholt verlängerten Moratorium für alle Atomtests sowie in flagranter Mißachtung des erklärten Willens der Völker hat die US-Administration die unterirdischen Kernexplosionen fortgesetzt. Indem die Sowjetregierung ihre legitimen Sicherheitsinteressen wahrt, hat sie als Antwort auf die die Menschheit herausfordernden Atomtests der USA am 11. April dieses Jahres erneut ihre Bereitschaft verkündet, auf Kernwaffenversuche zu verzichten, falls die USA endlich auf ein Moratorium, auf einen Teststopp eingehen. Die von humanistischer Verantwortung für das Schicksal der Völker bestimmte Entscheidung der Sowjetunion zeigt den Weg in eine friedliche Zukunft. Diese Chance sollte, wie vorgeschlagen, auf einem Treffen zwischen Gorbatschow und Reagan genutzt werden. Das wäre ein Schritt vorwärts auf dem richtigen Wege.

In einem Nuklearkrieg gäbe es weder Sieger noch Besiegte. Ebensowenig ist das Wettrüsten zu gewinnen. Durch seine Steigerung, durch die Entwicklung und Einführung immer neuer Kernwaffensysteme wachsen jedoch die Gefahren für den Frieden, mithin für die Existenz der Menschheit. Die Situation in der Welt könnte dahin gelangen, daß sie von Vernunft und Willen der Politiker nicht mehr abhängen würde.

Gegen die Absicht der USA, den Weltraum mit tödlichen Waffen vollzustopfen, erheben alle in der Welt ihre Stimme, die Verantwortung für ihre Völker, für die Menschheit empfinden. Um Spitzentechnologien zu entwickeln, braucht niemand eine SDI. Dafür bieten die friedliche Erforschung und Nutzung des Weltraumes ein fruchtbares Feld. Wir sind für Frieden im Kosmos und auf der Erde.

Die DDR wird sich weiterhin durch eine Politik des ergebnisorientierten, sachlichen Dialogs und der Zusammenarbeit für die Gesundung der internationalen Lage und die Rückkehr zur Entspannung einsetzen. Auf der Stockholmer Konferenz und bei den Wiener Truppenabbau-Gesprächen tritt sie gemeinsam mit den anderen sozialistischen Ländern für ernsthafte und produktive Verhandlungen mit dem Ziel konstruktiver Ergebnisse ein. Sie verwirklicht die Schlußakte der Konferenz über Sicherheit und Zusammenarbeit von Helsinki als Ganzes und mißt diesem Dokument große Bedeutung für weitere Schritte zur Überwindung der internationalen Spannungen bei.

Auch sind wir bereit, auf der Grundlage der Gleichberechtigung und des gegenseitigen Vorteils nach neuen Formen der ökonomischen und wissenschaftlich-technischen Zusammenarbeit, beim Umweltschutz, im Bereich der Kultur, des Bildungs- und Gesundheitswesens sowie in anderen Fragen zu suchen. Der europäischen Zusammenarbeit, den Handels- und Wirtschaftsbeziehungen zwischen dem Rat für Gegenseitige Wirtschaftshilfe und der EG dienlich wären die Aufnahme direkter Sachbeziehungen zwischen beiden Organisationen und Kontakte zu konkreten Fragen.

Liebe Genossinnen und Genossen!

Die Welt von heute ist von tiefgreifenden Veränderungen zugunsten des Fortschritts, von gegenläufigen Tendenzen und vielfältigen Widersprüchen geprägt. Machtvoll erstarkten die Positionen des Sozialismus, der sich auf eine hochentwickelte Wirtschaft, eine solide wissenschaftliche Basis und ein zuverlässiges Verteidigungspotential stützen kann. Die nationale und soziale Befreiungsbewegung errang neue Erfolge.

Zu keiner früheren Zeit boten sich dem Fortschritt der Menschheit durch die stürmische Entwicklung der Produktivkräfte so gewaltige Möglichkeiten. Aber niemals zuvor wurden Waffen von solcher Zerstörungskraft hervorgebracht und angehäuft wie heute. Der Sozialismus stellt den Frieden an erste Stelle und löst auch die kompliziertesten Probleme der wissenschaftlich-technischen Revolution im Interesse und zum Wohle der Menschen. Zugleich tritt immer deutlicher zutage, daß der Imperialismus, dessen aggressivste Kreise mit dem Risiko eines Atomkrieges spielen, zu einem Hemmnis der gesellschaftlichen Entwicklung geworden ist.

Ihn charakterisiert, daß sich die großen Monopole der leistungsfähigsten kapitalistischen Staaten zu internationalen Machtgebilden entwickelt haben, die mit ihren Polypenarmen Länder, ja ganze Kontinente umklammern. Heute beherrschen sie nahezu 40 Prozent der Industrieproduktion, rund 60 Prozent des Außenhandels und mehr als drei Viertel des technologischen Potentials der kapitalistischen Wirtschaft. Das Tempo der Zentralisation des Kapitals hat sich erhöht. In diesen Sog geraten viele Tausende kleine und mittlere Unternehmen. Von 1980 bis 1984 wurden in den USA rund 140 000 Firmenbankrotte registriert. In Japan waren es im gleichen Zeitraum über 90 000 und in der BRD fast 70 000.

Zwischen den großen Monopolen und den kapitalistischen Ländern, den drei Hauptzentren des modernen Imperialismus, USA, Westeuropa und Japan, tobt eine, wie es bürgerliche Politiker nennen, „gigantische technologische Schlacht". Dabei erweitern sich die wissenschaftlich-technischen Potentiale teilweise beträchtlich. Zugleich türmen sich neue Widersprüche auf, die zu massiven Störungen in der kapitalistischen Weltwirtschaft führen.

Während in der kapitalistischen Hemisphäre lautstark von Wirtschaftswachstum geredet wird, hält die Massenarbeitslosigkeit nicht nur an, sondern steigt weiter. Gegenwärtig sind in 24 kapitalistischen Ländern, die der Organisation für wirtschaftliche Zusammenarbeit und Entwicklung (OECD) angehören, mehr als 30 Millionen Menschen arbeitslos. Wenn man die Arbeitslosen und Kurzarbeiter hinzurechnet, die in den offiziellen Statistiken nicht erfaßt werden, dann sind es sogar 40 bis 60 Millionen. Mehr als 40 Prozent der registrierten Arbeitslosen gehören der Altersgruppe unter 24 Jahren an.

Für nicht wenige hat dies alles dazu geführt, daß sie in eine „neue Armut" abgesunken sind. Von ihr werden gegenwärtig in den kapitalistischen Hauptländern bis zu 20 Prozent der Bevölkerung bedroht. In der BRD sind etwa 2,5 Millionen Menschen auf Sozialhilfe angewiesen, in Großbritannien schätzungsweise 8 Millionen. In den USA leben 34 Millionen Menschen unterhalb der offiziellen Armutsgrenze. So könnte man noch vieles nennen, was die Gebrechen des Systems offenbart, in dem nicht der Mensch, sondern der Profit über alles geht.

Liebe Genossinnen und Genossen!

In den letzten Jahren ist die Gemeinschaft der sozialistischen Staaten weiter vorangekommen. Unsere Länder traten in einen neuen, höheren Abschnitt ihrer Entwicklung ein und nehmen Aufgaben von großer Tragweite für die Zukunft in Angriff. Sie werden bestimmt durch die Notwendigkeit, Wissenschaft und Technik zu beschleunigen, durch all das, was die Gestaltung der sozialistischen Gesellschaft, die historische Auseinandersetzung mit dem Imperialismus und der Kampf um die Sicherung des Friedens verlangen. Insgesamt wurden Voraussetzungen geschaffen, um die ökonomischen, wissenschaftlich-technischen und politischen Potenzen des Sozialismus in neuer Qualität zu entfalten. Das ist die Grundlage dafür, die Sozialpolitik zielstrebig zu realisieren und stets die Verteidigung auf dem jeweils notwendigen Niveau zu gewährleisten.

Durch die Verlängerung der Gültigkeit des Warschauer Vertrages wurde die Entschlossenheit demonstriert, unser Bündnis als Zentrum der außenpolitischen Koordinierung, als zuverlässigen Schutzschild gegen alle Angriffe und Erpressungsversuche des Imperialismus zu festigen. Auf der Tagung des Politischen Beratenden Ausschusses in Sofia haben wir vereinbart, den Mechanismus der außenpolitischen Koordinierung weiter zu vervollkommnen, um unsere Zusammenarbeit wirksamer und operativer zu gestalten.

Der XXVII. Parteitag der KPdSU war ein Ereignis von historischer Bedeutung für den weiteren Vormarsch des Sowjetvolkes bei der Entwicklung und Stärkung des Sozialismus, seiner planmäßigen und allseitigen Vervollkommnung, beim weiteren Voranschreiten zum Kommunismus, ein Ereignis von großer internationaler Ausstrahlungskraft. Als Teilnehmer konnten wir unmittelbar erleben, wie der Parteitag mit Sachlichkeit, Schöpfertum, Kampfgeist und Optimismus darüber beriet, alle materiellen und geistigen Potenzen der sowjetischen Gesellschaft freizusetzen, alle Hemmnisse auf dem Wege vorwärts zu beseitigen, um die beschlossene Strategie zur sozialökonomischen Entwicklung des Landes erfolgreich zu verwirklichen. Die Beschlüsse des XXVII. Parteitages sind von außerordentlicher Bedeutung für die Stärkung der Position der UdSSR in der internationalen Arena.

Bei meinem Treffen mit Genossen Michail Gorbatschow am 27. Februar 1986 in Moskau haben wir die Entschlossenheit betont, die Beziehungen zwischen unseren Parteien und Staaten auf Partei-, staatlicher und gesellschaftlicher Ebene weiter zu vertiefen, bei der Realisierung des Komplexprogramms des RGW und bei der weiteren Festigung der Einheit und Geschlossenheit der sozialistischen Gemeinschaft aktiv zusammenzuwirken. Gemeinsam nehmen unsere beiden Länder große Zukunftsvorhaben in Angriff, wie sie vor allem auch im langfristigen Programm der Zusammenarbeit auf dem Gebiet von Wissenschaft, Technik und Produktion bis zum Jahre 2000 enthalten sind.

Auf unserem XI. Parteitag bekräftigen wir erneut unsere brüderliche Verbundenheit mit der KPdSU und der UdSSR, diese große revolutionäre Errungenschaft. Sie ist die Grundlage unserer Erfolge und unserem Volk Herzenssache.

Auch unsere Beziehungen zu den anderen sozialistischen Staaten inner- und außerhalb Europas gestalten wir gemäß dem umfassenden Vertragssystem weiter aus. Die Realisierung der vereinbarten Programme über die Zusammenarbeit auf dem Gebiet von Wissenschaft, Technik und Produktion mit der Volksrepublik Polen, der Tschechoslowakischen Sozialistischen Republik, der Ungarischen Volksrepublik, der Volksrepublik Bulgarien und der Sozialistischen Republik Rumänien bis zum Jahre 2000 wird dem Fortschritt jedes unserer Länder und dem weiteren Erstarken der gesamten Gemeinschaft dienen.

Es war und ist für uns eine Sache der Ehre und des Gewissens, die wahrhaft internationalistischen Beziehungen zum ersten sozialistischen Land Amerikas, zu Kuba, auszubauen und zu vertiefen. Auch mit ihm verwirklichen wir ein langfristiges Programm der Zusammenarbeit. Kuba, das einem ständigen erpresserischen Druck der USA ausgesetzt ist, gilt weiterhin unsere volle Solidarität.

Kontinuierlich entwickeln sich auf der Grundlage der Verträge über Freundschaft und Zusammenarbeit unsere Beziehungen mit der Mongolischen Volksrepublik, der Sozialistischen Republik Vietnam, der Volksdemokratischen Republik Laos und der Volksrepublik Kampuchea. Dabei verbindet sich immer stärker gegenseitiger Nutzen mit unserer Solidarität zur Stärkung der Positionen des Sozialismus in Asien.

Wir unterstützen die gemeinsame Initiative der drei indochinesischen Bruderländer für Stabilität und gute Nachbarschaft in Südostasien. Eine qualitativ neue Stufe erreichten die Beziehungen der Freundschaft und kameradschaftlichen Zusammenarbeit mit der Koreanischen Demokratischen Volksrepublik.

Von der Stärkung der internationalen Positionen des Sozialismus und des Friedens läßt sich die DDR auch in ihren Beziehungen zur Volksrepublik China leiten. Mit Genugtuung kann man eine erfreuliche Verbesserung der Beziehungen zwischen der DDR und der VR China, diesem großen sozialistischen Land, auf politischem, ökonomischem und kulturellem Gebiet feststellen. Die sich entwickelnde Zusammenarbeit zwischen der DDR und der VR China wirkt sich positiv auf den Kampf für die Gewährleistung des Friedens aus.

Die DDR und die Sozialistische Föderative Republik Jugoslawien haben ihre Beziehungen der Freundschaft und Zusammenarbeit auf den Gebieten der Politik, der Wirtschaft und Kultur ausgebaut. Die DDR ist bestrebt, ihre Beziehungen zur Sozialistischen Volksrepublik Albanien weiterzuentwickeln.

Indem wir unser Bündnis mit den sozialistischen Bruderländern ständig weiter festigen, sind wir bestrebt, auch die Zusammenarbeit mit Staaten der nichtsozialistischen Welt, entsprechend den Prinzipien der friedlichen Koexistenz, auszubauen. Dazu wurden weitere Vereinbarungen getroffen, deren Realisierung zugleich die internationale Situation positiv beeinflußt.

Die Friedenssicherung war und bleibt auch in den Beziehungen zwischen der Deutschen Demokratischen Republik und der Bundesrepublik Deutschland die entscheidende Frage. Kein bundesdeutscher Politiker, der für sich in Anspruch nimmt, ernst genommen zu werden, kann sich an den Realitäten vorbeimogeln, wie sie im Ergebnis des zweiten Weltkrieges und der Nachkriegsentwicklung entstanden sind. Dazu gehört im Herzen Europas die Existenz von zwei souveränen, voneinander unabhängigen deutschen Staaten, der DDR und der BRD, die verschiedene soziale Systeme verkörpern und verschiedenen Bündnissen angehören.

Nach wie vor messen wir der Gemeinsamen Erklärung vom 12. März 1985 großes Gewicht bei, in der Bundeskanzler Kohl und ich feststellten, daß die Unverletzlichkeit der Grenzen und die Achtung der territorialen Integrität und Souveränität aller Staaten in Europa in ihren gegenwärtigen Grenzen eine grundlegende Bedingung für den Frieden sind. Das entspricht dem Grundlagenvertrag und dem europäischen Vertragswerk. Übereinstimmend damit tragen beide deutsche Staaten, schon im Hinblick auf die Lehren der Geschichte, eine besondere Verantwortung für den Frieden.

Diese Verantwortung wird auch durch die Tatsache ins richtige Licht gerückt, daß ihre Grenze gleich der Grenze der ČSSR an der Trennlinie zwischen den Staaten des Warschauer Vertrages und der NATO verläuft. Zum ersten Mal in der Geschichte der Beziehungen zwischen der DDR und der BRD haben wir in der bereits angeführten Gemeinsamen Erklärung die Worte bekräftigt, von deutschem Boden darf nie wieder Krieg, sondern immer nur Frieden ausgehen.

Was Berlin (West) betrifft, so sind wir für die strikte Einhaltung und volle Anwendung des Vierseitigen Abkommens vom 3. September 1971, das sich, nicht zuletzt zum Vorteil der Westberliner selbst, im Leben bewährt. Auch in Zukunft erteilen wir gemeinsam mit unseren Verbündeten allen Versuchen eine entschiedene Abfuhr, dieses Abkommen auf seine Belastbarkeit zu testen und seine Kernbestimmung zu unterlaufen, daß Westberlin nicht zur BRD gehört und nicht von ihr regiert werden darf.

Liebe Genossinnen und Genossen!

Ausgebaut hat unsere Partei, hat die DDR ihre Beziehungen zu den Staaten Afrikas, Asiens und Lateinamerikas, zu den Parteien und Bewegungen der nationalen Befreiung. Die zunehmende Vielgestaltigkeit und die Bereicherung der Zusammenarbeit finden ihren Ausdruck unter anderem darin, daß von 1981 bis 1985 mit Staaten dieser Regionen mehr als 350 Abkommen und Vereinbarungen abgeschlossen wurden.

Eine gewichtige, von uns hochgeschätzte Rolle spielt die Bewegung der Nichtpaktgebundenen, die heute 101 Länder umfaßt. Von ihrem Wirken gehen immer wieder neue Impulse für Frieden und Entwicklung aus. Diese Länder, welche die Mehrheit der Staaten der Erde repräsentieren, wenden sich weitgehend übereinstimmend gegen Wettrüsten, äußere Einmischung in ihre inneren Angelegenheiten, gegen die Androhung und die Anwendung von Gewalt sowie gegen alle Formen des Expansionismus. Immer nachhaltiger fordern sie konkrete Maßnahmen zur Rüstungsbegrenzung und Abrüstung, insbesondere auf nuklearem Gebiet, und lehnen die Militarisierung des Kosmos ab. Dokumentiert wurde dieser Wille in solchen bedeutenden politischen

Initiativen wie der Gemeinsamen Erklärung der sechs Staats- und Regierungschefs vom Mai 1984, in der „Deklaration von Delhi" vom Januar 1985, in ihrem Appell an die USA und die Sowjetunion vom Oktober 1985 sowie in ihrer Botschaft an Michail Gorbatschow und Ronald Reagan vom Februar 1986.

Die DDR unterstützt die genannten Erklärungen, ebenso die Forderung der befreiten Staaten, im Ergebnis realer Schritte des Rüstungsstopps und der Abrüstung freiwerdende Mittel für die kollektive Lösung solcher globalen Probleme wie der Überwindung der Umweltverschmutzung, des Hungers, der Unterentwicklung, des Analphabetentums und epidemischer Krankheiten einzusetzen.

Mit besonderer Härte werden die Staaten Afrikas, Asiens und Lateinamerikas von den folgenschweren Auswirkungen der Krise im kapitalistischen Teil der Welt betroffen. Verheerend wirken sich die diskriminierende, neokoloniale Hochzinspolitik des Imperialismus, die verschärften Kreditbedingungen und zunehmender Protektionismus im Außenhandel aus. Seit 1980 stieg die Auslandsverschuldung dieser Länder um mehr als ein Drittel und erreichte 1985 rund 1 Billion Dollar. Allein im Jahr 1984 mußten sie zusammengenommen 141,1 Milliarden Dollar, davon 71 Milliarden Dollar Zinsen, an imperialistische Gläubiger zurückzahlen. Daher begrüßen wir die Initiative Kubas und sind für den schnellstmöglichen Beginn konkreter Verhandlungen im Rahmen der UNO unter Teilnahme aller Staaten, um eine globale und gerechte Lösung der wichtigsten internationalen Wirtschaftsprobleme herbeizuführen.

Die Völker in Afrika, Asien und Lateinamerika sind immer weniger bereit, sich der neokolonialen Ausbeutung und Gewaltpolitik des Imperialismus zu unterwerfen. Das zeigen gegenwärtig besonders deutlich die Ereignisse in Haïti, in Argentinien, Brasilien und Uruguay. Selbst das auf rigorosen Terror begründete Regime Pinochets wird trotz der Finanzspritzen des internationalen Kapitals letzten Endes seinem schmählichen Untergang nicht entrinnen. Den Kommunisten, den Sozialisten und allen Gegnern Pinochets gehört unsere volle Solidarität und Sympathie.

Mit Angola, Moçambique und Äthiopien, die sich für die sozialistische Perspektive entschieden haben, verbinden uns seit langem enge Beziehungen. Gestützt auf ihr Zusammenwirken mit der UdSSR, der DDR und anderen sozialistischen Staaten, führen diese Staaten und

Parteien einen harten Kampf um die Konsolidierung ihrer Wirtschaften, um die Abwehr konterrevolutionärer Kräfte, die vom Imperialismus materielle und ideologische Hilfe erhalten.

Wir werden auch künftig die befreiten Staaten und Völker Afrikas, Asiens und Lateinamerikas im Kampf für Frieden und sozialen Fortschritt solidarisch unterstützen. Entschieden verurteilen wir die aggressiven Handlungen des Imperialismus gegen Nikaragua und bekräftigen erneut unsere feste Solidarität mit dem gerechten Kampf des Volkes Sandinos. Die Probleme Mittelamerikas müssen ohne Einmischung von außen, mit politischen Mitteln gelöst werden. Wir begrüßen die Bemühungen, die in diese Richtung gehen.

Mit Zorn und Abscheu mußte die Welt, mußte unser Volk vorgestern zur Kenntnis nehmen, daß die USA im Widerspruch zum gesunden Menschenverstand mit ihrem Bombengeschwader über Libyen hergefallen sind. Zu Recht geben die im Warschauer Vertrag verbündeten sozialistischen Staaten in Verbindung damit ihrer tiefen Besorgnis über die rapide Verschärfung der internationalen Lage Ausdruck, die durch die feindseligen Handlungen der USA gegen Libyen provoziert wurde. Das barbarische Bombardement friedlicher libyscher Städte durch die amerikanische Luftwaffe, dem völlig schuldlose Menschen zum Opfer fielen, ist, wie ich bereits auf der Berliner Kundgebung zu Ehren Ernst Thälmanns betonte, ein Akt der Aggression und ruft berechtigte Entrüstung und Empörung hervor.

Die DDR, das sei hier klar gesagt, unterstützt voll und ganz den Inhalt der Erklärung der Teilnehmerstaaten des Warschauer Vertrages, die in der heutigen Presse veröffentlicht wurde. Der Überfall der USA auf Libyen schafft nicht nur im südlichen Mittelmeer eine reale Gefahr für den Frieden, sondern birgt eine unkontrollierbare Eskalation der internationalen Spannungen in sich, die sich, wie es in der Erklärung heißt, unausweichlich negativ auf die Lage in Europa und in der ganzen Welt, auf den Ost-West-Dialog überhaupt auswirken wird.

Die fortgesetzten Luftangriffe von USA-Kampfflugzeugen auf Ziele in Libyen zeigen, daß der Weltfrieden aufgrund imperialistischer Macht- und Abenteurerpolitik nicht sicherer, sondern anfälliger geworden ist. Die seit Jahren den Frieden gefährdende Situation im Nahen Osten, die durch die israelische Aggression und die Verweigerung des Rechts der Palästinenser auf einen eigenen Staat gekennzeichnet ist, droht in unkontrollierbare Abgründe zu geraten. Dazu darf es nicht kommen. Es ist angesichts der aufs äußerste gespannten Lage nur zu begrüßen, daß nicht nur die arabische Welt, sondern die gesamte Menschheit die USA-Aggression gegen Libyen ablehnt und die US-Administration zur Besonnenheit aufruft. Dies um so mehr, weil unbesonnene Handlungen geeignet sind, eine Katastrophe heraufzubeschwören, die die ganze Menschheit in das Inferno eines neuen Weltbrandes stürzen kann, aus dem es keine Rückkehr gibt. Unsere Solidarität bekunden wir von dieser Stelle aus erneut dem antiimperialistischen Kampf des libyschen Volkes.

Nach unserer festen Überzeugung kann eine umfassende, gerechte und dauerhafte Regelung im Nahen Osten nur durch kollektive Anstrengungen aller interessierten Seiten erreicht werden. Wir unterstützen den Vorschlag, eine internationale Nahostkonferenz unter Schirmherrschaft der UNO einzuberufen, an der alle interessierten Seiten, einschließlich der Palästinensischen Befreiungsorganisation, teilnehmen sollten. Die Stärkung der Einheit der arabischen Länder und der PLO erachten wir als wesentliche Bedingung einer demokratischen Lösung der Probleme des Nahen Ostens. Dem Weltfrieden würde es dienen, wenn der Krieg zwischen Iran und Irak baldmöglichst beendet und eine Stabilisierung in der Golfregion herbeigeführt würde.

Wir unterstützen die Bemühungen, in den Verhandlungen zwischen Afghanistan und Pakistan eine politische Regelung zu erreichen. Entschieden verurteilen wir die Apartheidpolitik Südafrikas und fordern die Einstellung der Unterstützung imperialistischer Staaten für das Rassistenregime in Pretoria, das gegenwärtig in seinen Grundfesten erschüttert wird. Wir fordern Freiheit für Nelson Mandela und alle politischen Gefangenen. Mit Nachdruck treten wir dafür ein, Namibia unverzüglich die Unabhängigkeit zu gewähren. Die aggressiven Handlungen, die Einmischung und die militärische Intervention imperialistischer Kräfte in Angola, Moçambique und anderen Staaten des südlichen Afrika müssen eingestellt werden.

Genossinnen und Genossen!

Die friedliebende Außenpolitik der Deutschen Demokratischen Republik entspringt dem humanistischen Wesen unserer sozialistischen Gesellschaftsordnung. Sie ist auf die Gewährleistung günstiger äußerer Bedingungen für die weitere Gestaltung der entwickelten sozialistischen Gesellschaft in der DDR gerichtet.

In den kommenden Jahren gelten folgende vorrangige Ziele und

Richtungen für die internationale Politik unserer Partei und unserer Republik:
1. Konsequentes Wirken für die Aktivierung und das gemeinsame Handeln aller Kräfte des Friedens, der Vernunft und des Realismus mit dem Ziel, durch effektive Schritte der Rüstungsbegrenzung und Abrüstung einen Kernwaffenkrieg abzuwenden, die Militarisierung des Weltraums zu verhindern, die Kernwaffen abzuschaffen und die Konfrontation durch die Zusammenarbeit der Staaten zu überwinden.
2. Zielstrebiger Ausbau des Bruderbundes mit der Sowjetunion und den anderen sozialistischen Ländern, umfassender Beitrag zur allseitigen Stärkung und Erhöhung der Macht und der internationalen Ausstrahlungskraft des Sozialismus durch die immer vollkommenere Entfaltung seiner Vorzüge.
3. Aktive antiimperialistische Solidarität mit allen um ihre nationale und soziale Befreiung kämpfenden Völkern, Entwicklung gleichberechtigter und freundschaftlicher Beziehungen mit allen befreiten Staaten, Unterstützung ihres Kampfes um eine neue internationale Wirtschaftsordnung auf der Grundlage der Gleichberechtigung.
4. Konsequentes Bemühen um den Ausbau von Beziehungen der friedlichen Koexistenz zu den kapitalistischen Staaten, Aufrechterhaltung und Entwicklung eines sachlichen politischen Dialogs und gegenseitig vorteilhafter Zusammenarbeit auf der Grundlage der allgemein anerkannten Prinzipien und Normen des Völkerrechts und der gegenseitigen Berücksichtigung der legitimen Interessen.
5. Wir setzen uns ein für
   - die vollständige Einstellung der Nukleartests als den ersten Schritt, um die Welt von Atomwaffen zu befreien,
   - den Stopp der Stationierung und die schrittweise Demontage der in Europa bereits aufgestellten Nuklearsysteme,
   - die Beseitigung aller Mittelstreckenraketen in Europa,
   - die Schaffung von kern- und chemiewaffenfreien Zonen,
   - die Errichtung einer von atomaren Gefechtsfeldwaffen freien Zone in Mitteleuropa,
   - eine radikale Gesundung der internationalen Lage und die zuverlässige Gewährleistung der Sicherheit der Völker.

Dem UNO-Jahr des Friedens 1986 sollen Jahre des Friedens für alle kommenden Generationen folgen.

III. Unser Hauptkampffeld ist die Einheit von Wirtschafts- und Sozialpolitik

Liebe Genossinnen und Genossen!

Seit dem X. Parteitag hat unsere Republik ihre Entwicklung als politisch stabiler und ökonomisch leistungsfähiger sozialistischer Staat erfolgreich fortgesetzt. Der Plan 1981 bis 1985 wurde gut abgeschlossen. Alle Seiten des gesellschaftlichen Lebens, die Produktivkräfte und die Produktionsverhältnisse, Wissenschaft, Bildung und Kultur, die sozialen Beziehungen der Menschen und die Landesverteidigung, wurden weiter vervollkommnet.

Mit unserer ökonomischen Strategie gelang es, die Intensivierung der Produktion zur entscheidenden Grundlage des Leistungsanstiegs zu machen und das nötige Wirtschaftswachstum dauerhaft zu gewährleisten. Die Steigerung der Arbeitsproduktivität beschleunigte sich. Rechtzeitig orientierte unsere Partei auf die modernsten wissenschaftlich-technischen Entwicklungen. Mehr und mehr wurde das Weltniveau zum Maßstab eigener Arbeit. Wissenschaft und Produktion durchdrangen einander enger. Allein die Nutzung von wissenschaftlich-technischen Ergebnissen sparte jährlich im Durchschnitt 500 Millionen Stunden Arbeitszeit, was dem Arbeitskräftevolumen von 300 000 Werktätigen entspricht.

Von 1981 bis 1985 erzeugte die DDR ein Nationaleinkommen von 1,087 Billionen Mark, wobei sich die jährlichen Zuwachsraten erhöhten. In sechs Monaten des vergangenen Jahres wurde soviel Nationaleinkommen geschaffen wie im ganzen Jahr 1970. Nimmt man die 15 Jahre seit dem VIII. Parteitag zusammen, so produzierten wir 2,7 Billionen Mark Nationaleinkommen[1], 1,7mal mehr als in den 22 Jahren von 1949 bis 1970. Das Wachstum des Nationaleinkommens wurde zu über 90 Prozent durch die Steigerung der Arbeitsproduktivität getragen. Daß unsere Industrie zunehmend effektiver produziert, zeigt sich auch daran, daß sich ihre Nettoproduktion im vergangenen Jahrfünft wesentlich schneller erhöhte als die Warenproduktion. Mit Stolz können wir feststellen, daß es nur wenige Länder in der Welt gibt, die über einen langen Zeitraum eine so solide und dynamische ökonomische Entwicklung nahmen und sie ständig in sozialen Fortschritt umsetzen konnten.

Charakteristisch dafür, daß der ökonomische Leistungsanstieg zunehmend aus den Ergebnissen von Wissenschaft und Technik fließt, sind unter anderem die beträchtlichen Zuwachsraten der Mikroelektronik und der Robotertechnik. Während wir 1970 noch über keinen einzigen Industrieroboter verfügten, waren es Ende 1985 mehr als 56 600. Von erheblicher volkswirtschaftlicher Bedeutung sind ebenso die beschleunigte Einführung der CAD/CAM-Technik, verbunden mit Systemen der flexiblen Automatisierung, oder auch die Verfahren zur tieferen Spaltung von Erdöl.

Die materiell-technische Basis der Volkswirtschaft entspricht den Anforderungen eines modernen sozialistischen Industriestaates mit einer hochentwickelten Landwirtschaft. Für die Modernisierung, Rekonstruktion und Erweiterung der Grundfonds sowie für das sozialpolitische Programm wurden in den letzten fünf Jahren 319 Milliarden Mark eingesetzt, seit dem VIII. Parteitag die gewaltige Summe von 890 Milliarden Mark. Ende 1985 verfügte unsere Wirtschaft über Grundmittel im Wert von 1,3 Billionen Mark. Gegenüber 1980 ist ihr Volumen um mehr als 21 Prozent angewachsen, wobei der Anteil automatisierter Ausrüstungen in der Industrie auf 53 Prozent stieg. In der Industrie, die während des vergangenen Fünfjahrplans nahezu drei Viertel des volkswirtschaftlichen Zuwachses an Nationaleinkommen erwirtschaftete, stieg die Arbeitsproduktivität um insgesamt 38 Prozent, was 91 Prozent des Produktionswachstums sicherte. Zugleich sank der spezifische

1 Vergleichbar gerechnet zu Preisen des Jahres 1985.

Verbrauch an volkswirtschaftlich wichtigen Energieträgern, Roh- und Brennstoffen um 5,3 Prozent jährlich.

Insgesamt wurden Waren im Werte von 2,5 Billionen Mark für die Versorgung der Bevölkerung und der Volkswirtschaft sowie für den Export erzeugt. Damit ist in fünf Jahren ebensoviel produziert worden wie in den 20 Jahren von 1949 bis 1968 zusammengenommen. 1985 entstand das Produktionsvolumen des ganzen Jahres 1970 in 25 Wochen.

Viel Kraft wurde aufgewendet, um einheimische Rohstoffe stärker zu erschließen und in größerem Umfang höher zu veredeln. Der Anteil der Rohbraunkohle am Primärenergieverbrauch stieg von 64,5 Prozent im Jahre 1980 auf 70,4 Prozent im vergangenen Jahr. 1985 erzeugten wir in sieben Monaten ebensoviel Strom wie im ganzen Jahr 1970. Der Strom aus Kernbrennstoff ist 1985 gegenüber 1970 um das 25fache angestiegen. 1985 wurde in einem Monat beinahe soviel einheimisches Erdgas gefördert wie 1970.

In der chemischen Industrie flossen 60 Prozent ihres Zuwachses der letzten Jahre aus der Veredlung der Produktion. Vor allem mit der Inbetriebnahme des Spalt- und Aromatenkomplexes im Petrolchemischen Kombinat Schwedt konnte seit dem Jahre 1982 eine bedeutend tiefere Spaltung des Erdöls erreicht werden. So erhöhte sich der Anteil heller Produkte von 49,5 Prozent zu Beginn der 80er Jahre auf jetzt 62,9 Prozent. In der Metallurgie entwickelte sich der Anteil hochveredelter Sortimente auf 80 Prozent.

Auch die Land-, Forst- und Nahrungsgüterwirtschaft erzielte das bisher beste Fünfjahrplanergebnis. Berechnet in Getreideeinheiten, wurden von der Pflanzen- und Tierproduktion 264 Millionen Tonnen erzeugt, 21 Millionen Tonnen mehr als im vergangenen Jahrfünft. Von erheblichem Gewicht ist dabei die Tatsache, daß sich die Pflanzenproduktion mit 11 Prozent nunmehr schneller entwickelte als die Tierproduktion mit 5,4 Prozent.

In der Pflanzenproduktion wurde ein durchschnittlicher Jahresertrag von 45,4 dt Getreide pro Hektar erreicht, während es in den 70er Jahren 40,5 dt je Hektar waren. Dabei stiegen, wenn auch unterschiedlich, die Erträge bei allen wichtigen Fruchtarten. Seit 1982 wurden jedes Jahr über 10 Millionen Tonnen Getreide erzeugt. Bekanntlich konnte 1985 die Rekordernte von 11,6 Millionen Tonnen Getreide, das heißt 46 Dezitonnen pro Hektar, bei Weizen sogar 53 Dezitonnen, eingebracht werden. Auch die Obst- und Gemüseproduktion wurde erheblich vergrößert. Das staatliche Aufkommen an Schlachtvieh betrug von 1981 bis 1985 im Jahresdurchschnitt 2,4 Millionen Tonnen. Mit 2,6 Millionen Tonnen wurde 1985 das bisher größte Ergebnis erzielt, mehr als das Anderthalbfache von 1970.

Der Anstieg der Nettoproduktion im Fünfjahrplanzeitraum rührte zu zwei Dritteln aus der Steigerung der Arbeitsproduktivität her. Die Kosten, bezogen auf das erzeugte Produkt, sanken bei Mineraldünger ebenso wie bei Futter oder Energie und Kraftstoffen. Seit Beginn der 70er Jahre wurden rund 107 Milliarden Mark in der Land-, Forst- und Nahrungsgüterwirtschaft investiert.

Die individuellen Hauswirtschaften der Genossenschaftsbauern und Arbeiter haben ebenso wie die Kleingärtner, Siedler und Kleintierzüchter die gesellschaftliche Produktion ergänzt und zur Versorgung der Bevölkerung beigetragen. Stimuliert durch die Agrarpreisreform, steigerten sie ihre Produktion in den letzten Jahren beträchtlich. 1985 verkauften sie 337 400 t Schlachtvieh und 289 000 t Obst. Auch bei Gemüse, Wolle, Bienenhonig, Kaninchenfleisch und anderen Produkten erreichten sie hohe Steigerungsraten. Erfreulich ist, daß in den vergangenen 5 Jahren rund 96 000 neue Kleingärten geschaffen wurden, 80 Prozent mehr als von 1976 bis 1980. Die Zahl der Mitglieder des Verbandes der Kleingärtner, Siedler und Kleintierzüchter stieg seit 1981 um 232 000 auf 1 359 000 an.

Die Fähigkeit unserer sozialistischen Planwirtschaft, effektiv und flexibel auf die Erfordernisse des internationalen Marktes zu reagieren, veranschaulichte erneut die diesjährige Leipziger Messe. Davon spricht die Entwicklung des Außenhandelsumsatzes, der 1985 um 50 Prozent höher lag als 1980.

Wie es dem Sinn des Sozialismus entspricht, nutzen wir die beträchtlich gewachsene Leistungskraft unserer Volkswirtschaft dafür, das materielle und kulturelle Lebensniveau des Volkes zu sichern und weiter zu erhöhen. In 15 Jahren entstanden 2,4 Millionen neugebaute und modernisierte Wohnungen, wodurch die Wohnbedingungen für 7,2 Millionen Bürger verbessert werden konnten. Zwei Drittel aller fertiggestellten Neubauwohnungen wurden an Arbeiter vergeben, jede vierte Neubauwohnung an junge Ehepaare. Seit 1971 haben wir für unser Wohnungsbauprogramm 260 Milliarden Mark aufgewendet, 10 Prozent des in diesem Zeitraum produzierten Nationaleinkommens.

Gleichzeitig mit den Wohnungen wurden über 137 000 Plätze in Kindergärten geschaffen, 46 000 mehr als im vorhergehenden Jahrfünft. Gewährleistet ist, daß alle Kinder der entsprechenden Altersstufen, deren Eltern es wünschen, einen Kindergarten besuchen können. Bei Kinderkrippen beträgt der Zuwachs an Plätzen 66 300. Konnten 1970 erst 29 von 100 Kindern bis zu 3 Jahren einen Platz erhalten, so waren es 1985 nunmehr 73. Damit besitzt die DDR auf diesem Gebiet einen hohen Versorgungsgrad. Seit 1971 entstanden 46 772 Unterrichtsräume und 2041 Schulsporthallen.

Das Realeinkommen der Bürger hat sich in 15 Jahren verdoppelt. Die Nettogeldeinnahmen der Bevölkerung stiegen auf 178 Prozent. Seit nunmehr 10 Jahren wurden für mehr als 7 Millionen Werktätige Produktivlöhne und weitere leistungsorientierte Lohnmaßnahmen wirksam. Immer weiter ausgestaltet haben wir die Fürsorge für die Kinder, die berufstätigen Mütter und junge Ehen.

Das Spektrum der sozialen Entwicklung ist breit. Genannt seien nur solche Maßnahmen wie die Einführung der 40-Stunden-Arbeitswoche für alle Werktätigen im 3-Schicht-System und für Mütter mit 2 Kindern. Heute gilt für jeden fünften Werktätigen die 40-Stunden-Arbeitswoche. Für 500 000 Zweischichtarbeiter beträgt die wöchentliche Arbeitszeit 42 Stunden. Alle Werktätigen haben seit der letzten Urlaubserhöhung einen Erholungsurlaub von mindestens 3 Wochen und 3 Tagen bei vollem Lohn. Seit 1970 wurden fünf Rentenerhöhungen für die Veteranen der Arbeit durchgeführt. Rund 60 000 Plätze entstanden neu in Feierabend- und Pflegeheimen.

Beachtliche Fortschritte wurden in der Produktion von industriellen Konsumgütern erreicht. Im letzten Fünfjahrplanzeitraum sind für 46 Milliarden Mark mehr Fertigerzeugnisse für die Bevölkerung produziert worden als von 1976 bis 1980. Heute ist dieses Volumen mehr als doppelt so groß wie 1970. Der Einzelhandelsumsatz erreichte im vergangenen Jahr 113 Milliarden Mark gegenüber 64 Milliarden Mark im Jahre 1970. Verglichen mit 1980, hat sich die Bereitstellung neuentwikkelter Konsumgüter mehr als verdoppelt, ihr Anteil an der Produktion von Konsumgütern macht heute 33 Prozent aus.

Liebe Genossinnen und Genossen!

Die Tatsache, daß die DDR nun schon über anderthalb Jahrzehnte eine kontinuierliche ökonomische und soziale Entwicklung gewährleistet, darf man zu Recht als ein historisches Zeugnis dafür bezeichnen, was der reale Sozialismus vermag. Bei unseren Erfolgen übersehen wir jedoch keineswegs, daß das Erreichte noch nicht das Erreichbare ist. Deshalb sollten überall die fortschrittlichsten Erfahrungen zum Allgemeingut aller werden.

Unser Hauptkampffeld ist die Einheit von Wirtschafts- und Sozialpolitik. Wir sind dafür, diesen Kurs fortzuführen. Dabei widmen wir unser Augenmerk insbesondere jenen Wirtschaftsabschnitten, die das Tempo bestimmen. Vor allem ist es wichtig, noch mehr als bisher die Wissenschaft mit der Produktion und die Produktion mit der Wissenschaft zu verbinden. Das betrifft insbesondere die Meisterung der Spitzentechnologien. Es gibt keinen Grund, auf diesem Gebiet zurückzubleiben, vielmehr gilt es, überholte Methoden in der Technologie zu verlassen und bei Spitzenerzeugnissen auf breiter Basis, mit Hilfe der neuesten wissenschaftlichen Erkenntnisse noch stärker als bisher voranzukommen.

Ende der 70er, Anfang der 80er Jahre standen wir vor der Frage, wie es weitergehen soll. Sollten wir jenen Gehör schenken, die für ein Abbremsen des Tempos waren, oder denjenigen, die dafür waren, die umfassende Intensivierung, den Kurs der Einheit von Wirtschafts- und Sozialpolitik weiter durchzuführen. Wir haben diesen Kurs gewählt, und die Ergebnisse sind heute offen sichtbar.

Das Zentralkomitee schlägt vor, auf dem XI. Parteitag die ökonomische Strategie unserer Partei mit dem Blick auf das Jahr 2000 zu beraten und zu beschließen. Sie liegt auch dem Entwurf der Direktive des Fünfjahrplanes 1986 bis 1990 zugrunde, den Genosse Willi Stoph behandeln wird. Es ist vorgesehen, in diesem Zeitraum ein Nationaleinkommen von 1,3 Billionen Mark zu erzeugen, das wiederum zu über 90 Prozent durch die Steigerung der Arbeitsproduktivität erwirtschaftet werden soll.

In der Zeit vor dem Parteitag wurden die Ergebnisse unserer ökonomischen Strategie gründlich analysiert. Besonders wertvoll waren dafür die Erfahrungen der besten Kombinate. Es wurde eine Reihe von Studien angefertigt, woran ein weiter Kreis von Leitungskadern der Wirtschaft, von Gesellschaftswissenschaftlern und Naturwissenschaftlern beteiligt war. Wie die Fakten bestätigen, ist es mit Hilfe unserer Wirtschaftsstrategie gelungen, die Wende zur umfassenden Intensivierung der Produktion zu vollziehen und einen tiefgreifenden Erneuerungsprozeß der Produktion einzuleiten. Auf wesentlichen Abschnitten hat die DDR mit dem angestiegenen internationalen Tempo der wissenschaftlich-technischen Revolution Schritt gehalten und selbst Spitzenpositionen erreicht.

Indem bereits auf dem X. Parteitag die ökonomische Strategie in wichtigen Grundzügen ausgearbeitet wurde, setzte unsere Partei ihre bewährte Praxis fort, rechtzeitig auf heranreifende Probleme zu reagieren, so mit dem Leben Schritt zu halten und sozusagen in vorbeugender Weise erkennbaren Entwicklungsproblemen zu begegnen. Auch bei der Verwirklichung der gefundenen Lösungen wurde weiteren heranreifenden Fragen Aufmerksamkeit geschenkt, wurden Entscheidungen vorbereitet und die notwendigen Beschlüsse gefaßt. Das hat uns vor manchem Tempoverlust bewahrt und uns auf wichtigen Gebieten Tempogewinn eingebracht. Dabei lassen die weiter zunehmende Dynamik in der Entwicklung der Produktivkräfte, aber auch manche von uns nicht beeinflußbaren internationalen Entwicklungstendenzen gewiß keinen Mangel an neu auftauchenden Fragen entstehen. Stets gilt es deshalb, die gesamte Arbeit der Partei und des Staates bis hin in jedes einzelne Kombinat in Richtung auf diese vorausschauende Arbeit zu qualifizieren. Die Verantwortung dafür ist groß.

Ein solches Reagieren setzt die Bereitschaft und die Fähigkeit der Kommunisten, der verantwortlichen Leiter voraus, sich auf das Neue einzustellen, nicht in alten Gewohnheiten zu verharren, sondern aktiv und schöpferisch nach den entsprechenden Lösungen zu suchen, bei auftretenden Problemen nicht abzuwarten, sondern selbst Vorschläge zu ihrer Lösung zu unterbreiten. Das ist der Arbeitsstil, den wir in noch stärkerem Maße benötigen. In diesem Herangehen an die weitere Ausarbeitung der ökonomischen Strategie unserer Partei, an die weiteren Schritte zur Vervollkommnung der Leitung, Planung und wirtschaftlichen Rechnungsführung in unserer Volkswirtschaft kommt zugleich das schöpferische Herangehen an die marxistisch-leninistische Theorie und ihre Entwicklung zum Ausdruck. Auch künftig haben wir die sozialistischen Produktionsverhältnisse so auszugestalten, daß sie die dynamische Entwicklung der Produktivkräfte im Interesse der Stärkung des Sozialismus fördern.

Den Hauptteil des Leistungsanstiegs unserer Wirtschaft erbringt weiterhin die Industrie. Diese Dynamik wird von der Bewältigung der wissenschaftlich-technischen Revolution getragen, für die wir gut gerüstet sind, stellen doch beispielsweise die meisten flexiblen automatisierten

Fertigungssysteme, die zu Ehren unseres Parteitages geschaffen wurden, internationale Spitzenleistungen dar.

Die installierte Technik stammt vielfach aus dem eigenen Rationalisierungsmittelbau der Kombinate und ergänzt jene Ausrüstungen, die von der elektrotechnischen und elektronischen Industrie sowie dem Maschinenbau hergestellt bzw. aus der Sowjetunion und den anderen sozialistischen Ländern eingeführt wurden. Diese hochmodernen Objekte zeigen, wie die DDR, ein entwickeltes sozialistisches Industrieland, die Arbeitsproduktivität mit Hilfe der Technik unserer Zeit in bisher nicht gekanntem Maße zu steigern vermag.

Schon bis zum Jahre 1990 soll der Anteil automatisch gefertigter Produkte verdreifacht werden. Komplexe Automatisierung wird nicht nur die Großserienproduktion, sondern auch die mittleren und kleinen Serien erfassen. Immer mehr wird sie das technologische Niveau, die Produktivität und Effektivität der Industrie entscheidend bestimmen. Wir setzen die flexiblen automatisierten Fertigungssysteme in größerem Ausmaß ein als bisher vorgesehen und machen sie zum Ausgangspunkt einer rationellen Organisation der Arbeit im ganzen Betrieb. An diesen Abschnitten gilt es, die Arbeitsproduktivität auf das 5- bis 6fache zu steigern und die Kosten um 15 bis 20 Prozent zu senken.

Zu den genannten Systemen kommen die rechnergestützte Planung und technische Vorbereitung hinzu, ferner rechnergestützte Steuerungs- und Überwachungssysteme einschließlich der Qualitätskontrolle und der vorbeugenden Instandhaltung. So haben wir eine Entwicklung in Angriff genommen, die in den nächsten 10 bis 15 Jahren über verschiedene Stufen hinweg bis hin zu immer mehr automatisierten Fabriken führt. Die schon jetzt bestehenden bedienungsarmen Abteilungen bestätigen dies.

Der Elektrotechnik/Elektronik und dem Maschinenbau, welche die industrielle Struktur der DDR wesentlich bestimmen, kommt die Aufgabe eines Wegbereiters zu. Die Erneuerung der eigenen Produktion muß die in anderen Bereichen fördern und stimulieren. Nehmen wir die Mikroelektronik, deren umfassende Anwendung im Mittelpunkt dieser Umwälzungen steht. Es gilt, die vorhandenen Technologien noch besser zu nutzen und den Schritt zu höheren Stufen vorzubereiten, wobei wir uns am gegenwärtigen und heute absehbaren internationalen Niveau orientieren. Die erste Adresse dieser Anforderungen sind die bedeutenden Zentren der mikroelektronischen Produktion unseres Landes. Darüber hinaus stehen alle Kombinate der Elektrotechnik/Elektronik und der metallverarbeitenden Industrie, aber auch andere Kombinate vor der Notwendigkeit, eigene Kapazitäten auf diesem Gebiet zu schaffen. Um die Größenordnung zu veranschaulichen, sei angeführt, daß die Fertigung mikroelektronischer Baugruppen und Geräte in unserer Volkswirtschaft 1986 bereits 30,5 Milliarden Mark betragen und bis 1990 auf mindestens 42 Milliarden Mark steigen wird.

Die Mikroelektronik durchdringt die ganze Volkswirtschaft, sie charakterisiert zunehmend das Niveau der verschiedensten Erzeugnisse und Verfahren. Vor allem deshalb müssen beispielsweise leistungsbestimmende Baugruppen mehr und mehr von den Finalproduzenten selbst erzeugt werden. Zulieferungen, die für den Gebrauchswert des Produkts ausschlaggebend sind, werden in die Fertigungspalette der Anwender eingehen, sonst wäre der Erneuerungsprozeß in seinem heutigen Tempo und seiner Qualität nicht sicher genug zu beherrschen. Dadurch wird das Produktionsprofil von Kombinaten verändert. Umgekehrt werden sogenannte Zulieferkombinate bestimmte Linien bis zum Fertigerzeugnis fortführen.

Von 1986 bis 1990 werden weitere 75 000 bis 80 000 Industrieroboter erzeugt und eingesetzt. In wachsendem Maße dringen sie auch in die Montage-, Transport- und Umschlagprozesse vor. Wir haben in allen Kombinaten begonnen, rechnergestützte Arbeitsplätze für die Konstruktion, die technologische Produktionsvorbereitung und Steuerung einzuführen. Diese neue Technik ermöglicht es, die Produktivität der Projektanten, Konstrukteure und Technologen um 100 bis 500 Prozent zu steigern und die Kosten in der technologischen Produktionsvorbereitung zu halbieren. Bei der Überleitung neuer Erzeugnisse in die Produktion kann so die Hälfte bis drei Viertel der Zeit gespart werden.

In den zurückliegenden Monaten gelang es, den Bestand an CAD/CAM-Arbeitsstationen in der DDR zu verdoppeln, so daß es jetzt bereits rund 11 200 solcher rechnergestützter Arbeitsstationen gibt. Das Tempo wird weiter beschleunigt. Während wir ursprünglich davon ausgegangen waren, in diesem Jahr 2500 davon dem Plan zugrunde zu legen, werden es nun über 15 000 sein. Für den Fünfjahrplan waren zuerst 26 000 bis 28 000 CAD/CAM-Arbeitsstationen vorgesehen, die sich jetzt auf 85 000 bis 90 000 erhöhen.

Wir erwarten von der ökonomischen Nutzung dieser modernen Technik eine höhere Effektivität der Arbeit der Konstrukteure, Projektanten, Formgestalter und Techniker, darüber hinaus eine flexiblere und effektivere Gestaltung des gesamten Arbeitsprozesses. Ähnliches gilt für die CAD/CAM-Zentren an Hochschulen und anderen wissenschaftlichen Einrichtungen. Der Gesamtnutzen wird sich nach vorläufigen Berechnungen in Höhe von mehreren Milliarden Mark bewegen. Zugleich öffnet diese neue Technik wesentlich größeren Spielraum für die schöpferische Tätigkeit vieler Ingenieurkader und Ökonomen. Bereits Ende des Jahres 1986 werden es 100 000 Werktätige sein, die solche CAD/CAM-Stationen in ihrer Arbeit nutzen, bis zum Ende des Fünfjahrplanes etwa fünfmal soviel.

Hier werden qualitative Veränderungen in unserer Ökonomie eingeleitet, für die überall Voraussetzungen zu schaffen sind. Das beginnt bei der Mikroelektronik und betrifft eine Vielzahl von wichtigen Baugruppen, einschließlich hochauflösender Farbbildröhren.

Die Industrie der DDR kann sich auf wissenschaftliche Ergebnisse und eine breite Palette von Erfahrungen, vor allem auf die mikroelektronische Basis stützen. Von großer Bedeutung ist zugleich die Zusammenarbeit mit der Sowjetunion und den anderen Ländern des RGW. Innerhalb weniger Jahre gilt es, auf diesem Gebiet einen qualitativ neuen Schritt in Richtung zum höchsten Technologieniveau zu tun. Große Anstrengungen sind notwendig, um die Softwareproduktion zu organisieren, sowohl bei den Herstellern der modernen Computer als auch bei deren Anwendern. Um die in kurzer Zeit zur Verfügung stehenden vielen rechnergestützten Arbeitsplätze, wie die Computertechnik überhaupt, effektiver zu nutzen, ist es notwendig, die Schaffung eines entsprechenden Datennetzes zu beschleunigen und insbesondere auf dem Gebiet der Lichtleiterübertragung schneller voranzukommen. Bei der Entwicklung und Anwendung der modernen Rechentechnik versprechen wir uns wesentliche Fortschritte gerade vom Ausbau der Forschungskooperation mit den Einrichtungen der Akademie der Wissenschaften sowie den Universitäten und Hochschulen.

Mikroelektronisch gesteuerte Maschinen und massenhafter Einsatz von Robotern lassen im Sozialismus den Menschen wirklich zum Meister der Produktion werden, zum Beherrscher der Technik. Der sozialistische Charakter der Arbeit prägt sich weiter aus. In diesem Fünfjahrplan ist vorgesehen, an 1,2 bis 1,3 Millionen Plätzen Inhalt und Bedingungen der Arbeit günstiger zu gestalten und für 440 000 bis 450 000 Werktätige Arbeitserschwernisse zu beseitigen.

Eine Grundvoraussetzung für die Dynamik des Leistungsanstiegs bildet der effektive Einsatz aller Energieträger, Roh- und Werkstoffe. Für die DDR hat es sich als günstig erwiesen, sich zunehmend auf einheimische Rohstoffe zu stützen, die Sekundärrohstoffe eingeschlossen. Der springende Punkt ist, sie nicht nur effektiv zu gewinnen, sondern ebenso zu nutzen und zu veredeln. Vor allem betrifft das unsere Rohbraunkohle. Schon jetzt stellt sie mit einem Anteil von 70,4 Prozent am Primärenergieverbrauch den wichtigsten Energieträger der Volkswirtschaft dar, und in diesem Fünfjahrplan werden wir ihr Aufkommen weiter erhöhen. Zugleich sollen 1990, nicht zuletzt im Interesse der Umwelt, 15 Prozent der Elektroenergie in Kernkraftwerken erzeugt werden.

An der Spitze aller Überlegungen steht jedoch, mit Hilfe von Wissenschaft und Technik Energieeinsparungen in der Wirtschaft zu erreichen, die mit 80 Millionen Tonnen 1990 gegenüber 1985 ein wesentlich höheres Äquivalent an Braunkohle verkörpern als bisher vorgesehen. Das verlangt ein ganzes volkswirtschaftliches Programm. Von diesem Punkt aus bestimmen wir dann die Schritte, die Förderung von Rohbraunkohle weiterzuentwickeln. Den Rohstoff Braunkohle heißt es immer höher zu veredeln. Das Zentralkomitee kann dem XI. Parteitag mitteilen, daß im Kombinat Schwarze Pumpe mit dem erfolgreichen Probebetrieb eines neuen Vergasungsverfahrens eine wichtige Etappe bei der Herstellung von Synthesegas aus Salzkohle abgeschlossen wurde. Das öffnet gewissermaßen ein Tor, um künftig alle Braunkohlequalitäten stoffwirtschaftlich vielfältig zu nutzen. Uns geht es auch darum, die bei der Förderung von Rohstoffen anfallenden Begleitstoffe zu gewinnen und einzusetzen.

Jetzt ist die Zeit herangereift, um die gesamte chemische Industrie mit der Veredlung zu durchdringen. Bekanntlich ist es gelungen, bei der Erdölverarbeitung die Ausbeute an hellen Produkten durch tiefere Spaltung von 49,5 Prozent im Jahre 1980 auf 62,9 Prozent im Jahre 1985 zu steigern. Kurz vor unserem Parteitag hat im Kombinat Leuna-Werke „Walter Ulbricht" ein großer Komplex den Dauerbetrieb aufgenommen, mit dem es möglich ist, das eingesetzte Erdöl vollständig zu hellen Produkten zu verarbeiten. Aus der gleichen Menge Erdöl werden jetzt doppelt soviel Treibstoff und 3,3mal soviel Ausgangsprodukte für hochveredelte Chemieerzeugnisse hergestellt. 1990 wird in der DDR bei der Verarbeitung des zur Verfügung stehenden Erdöls ein Anteil an hellen Produkten von 75 Prozent erzielt. Im Maßstab einer ganzen Volkswirtschaft ist das ein Ergebnis, das international seinesgleichen sucht.

Wir gehen konsequent den Weg der Modernisierung unserer chemischen Industrie in Richtung auf höchste Veredlung nach modernsten Technologien. In den Kombinaten der chemischen Industrie verfügen wir über hocheffektive automatisierte Verfahren und Produktionsprozesse, die den gegenwärtigen Weltstand mitbestimmen. Von diesen Spitzentechnologien schrittweise zu vollständig automatisierten, optimierten und störungsfrei arbeitenden Produktionskomplexen, ja ganzen Betrieben überzugehen charakterisiert die Entwicklung bis zum Jahr 2000.

Große Perspektiven eröffnen sich der Biotechnologie. Seit Mitte der 80er Jahre werden auf diesem Gebiet Forschung und Produktion mit dem Ziel beschleunigt, die Herstellung biotechnologischer Erzeugnisse bis 1990 in der Volkswirtschaft auf das Dreifache gegenüber 1985 zu erhöhen. So wird diese Schlüsseltechnologie zu einer entscheidenden Potenz der chemischen Industrie zur Hochveredlung ihrer Ausgangsstoffe und eröffnet breite gesamtwirtschaftliche Möglichkeiten. Andererseits erwachsen daraus Anforderungen an eine hochpräzise Verarbeitungstechnik. Generell leiten sich aus den dargelegten Aufgaben in Menge und Güte beträchtliche Ansprüche an den Chemieanlagenbau ab.

Unsere metallurgische Industrie befindet sich in einem umfassenden Übergang zur Veredlungsmetallurgie. Diesen Weg beschreiten wir weiter und legen dabei internationale Maßstäbe zugrunde. Das Zentrum bildet unser Konverterstahlwerk „Ernst Thälmann" im Eisenhüttenkombinat Ost, das modernste Europas. Mit der Warmbreitbandstraße, die wir gemeinsam mit der UdSSR im EKO errichten, wird der volle metallurgische Zyklus von der Aufbereitung der Erze bis zur Herstellung hochveredelter Bleche und Bänder geschlossen. Der Anteil hochveredelter Sortimente am Produktionsprogramm wird im Jahre 1990 in diesem Zweig 90 Prozent erreichen.

Äußerst wichtige Technologien der Zukunft, bei denen es kaum vergleichbare internationale Erfahrungen und Ergebnisse gibt und die nach ihrer Einführung bedeutende ökonomische Vorteile bringen können, werden beispielsweise mit dem Feststoffkonverter in der Maxhütte erprobt. Wir unterstützen all diese Bestrebungen, über Bekanntes hinauszugehen und so effektivste Lösungen im Interesse der DDR zu finden. In gleicher Richtung entwickelt sich die Buntmetallurgie, was für die Mikroelektronik unerläßlich ist. So hat der Produktionsbeginn von Siliziumscheiben großer Abmessungen nach modernsten Technologien außerordentliche Bedeutung. Zu Ehren unseres Parteitages stellten die Werktätigen des Freiberger VEB Spurenmetalle die ersten davon aus der Versuchsproduktion bereit.

Immer mehr mitbestimmt wird das Profil der Volkswirtschaft von der Konsumgüterproduktion. Bis 1990 sehen unsere Pläne vor, diese Produktion auf 130 bis 132 Prozent zu steigern. Jährlich sind 30 bis 40 Prozent der Erzeugnisse zu erneuern, bei der Jugendmode 70 Prozent.

Der Industriewarenumsatz soll überdurchschnittlich steigen, und zwar jährlich um mehr als 5 Prozent. Dabei berücksichtigen wir, daß der Bedarf besonders an technischen Industriewaren stark anwächst und sich vorrangig auf solche Sortimente konzentriert wie die Unterhaltungselektronik, die Haushalt- und Heimwerkertechnik, Wohnraumgestaltung und den Freizeitbedarf. Stets geht es um gute Qualität und ausreichende Stückzahlen. Ein äußerst wichtiges politisches Anliegen bleibt es, zuverlässig mit Waren des Grundbedarfs, den 1000 kleinen Dingen und Ersatzteilen zu versorgen. Erzeugnissen für Kinder gilt besondere Aufmerksamkeit.

Die Dienstleistungen und Reparaturen sollen auf 128,1 Prozent erhöht werden. Vor allem bei Leistungsarten, wo der Bedarf besonders schnell steigt, gilt es, den Kundenwünschen schneller und besser zu entsprechen. Auch die stadtwirtschaftlichen Dienstleistungen sind gemäß den Anforderungen des Umweltschutzes, der Sauberkeit, Hygiene und Ordnung in den Städten und Gemeinden weiter planmäßig zu entwickeln. Vor allem in unserer Hauptstadt Berlin, in den Bezirks- und Kreisstädten sowie in den Arbeiterzentren sind den Bürgern neue attraktive Dienstleistungen anzubieten. Die volkseigenen Dienstleistungskombinate und -betriebe werden wir weiter zu Zentren der Versorgung der Bevölkerung und der gesellschaftlichen Bedarfsträger entwickeln.

Unsere Partei wird auch in Zukunft das Handwerk fördern, das mehr als zwei Drittel aller Dienstleistungen und Reparaturen für die Bevölkerung erbringt. Die Ausbreitung der Hochtechnologien engt die Bedeutung des Handwerks nicht ein, sondern gibt ihm neue Wirkungsfelder. Während der Vorbereitung des XI. Parteitages wurden schon 1985 unter Berücksichtigung von Vorschlägen der befreundeten Parteien weitere Förderungsmaßnahmen beschlossen, um die Intensivierung auch im genossenschaftlichen und privaten Handwerk voranzubringen.

Auch die Leistungsfähigkeit des Handels ist auf diesem Weg zu stärken. Viel hängt davon ab, daß mit den zunehmenden Warenfonds auch der größte Nutzen für die Versorgung erreicht wird. Dazu gehören kundenfreundliche Öffnungszeiten der Geschäfte und Gaststätten sowie zeitsparende Einkaufsmöglichkeiten und wachsende Serviceleistungen. Immer mehr ausschlaggebend wird jetzt der veränderte Bedarf der Bevölkerung, was von den Käufern besonders begehrt ist, als vordringlich empfunden und gern gekauft wird. Bedarfsgerechte Produktion und kundengerechtes Angebot, das ist der Maßstab. Zugleich geht es uns um eine angenehme Verkaufsatmosphäre, um größere Aufmerksamkeit für die Wünsche der Käufer, mit einem Wort, um die Verbesserung des ganzen Klimas in diesem Bereich.

Besonders am Herzen liegen uns weitere Fortschritte in der Arbeiterversorgung, ebenso in der Schülerspeisung, ihrer Qualität und ihrem Niveau. Wir ermutigen die örtlichen Staatsorgane, den ihnen übertragenen größeren Entscheidungsraum im Dienste der Bürger voll auszunutzen, seien es die Versorgung mit Backwaren oder Molkereierzeugnissen, die Eigenversorgung mit Obst und Gemüse, die Entwicklung der Gaststätten, der Erholungsgebiete, der Märkte oder auch der Öffnungszeiten.

Liebe Genossinnen und Genossen!

Die Bauleute leisten einen wachsenden Beitrag zur Stärkung der materiell-technischen Basis unserer Volkswirtschaft und realisieren zusammen mit vielen anderen Werktätigen unser großes Wohnungsbauprogramm. Bis 1990 soll die Nettoproduktion im Bauwesen auf 130 bis 132 Prozent steigen. Wirtschaftlichkeit und Qualität des Bauens erhalten einen immer höheren Stellenwert. Was die 8. Baukonferenz dazu beschlossen hat, besitzt nach wie vor volle Gültigkeit. Hervorzuheben ist die volkswirtschaftliche Bedeutung der Devise „Arbeitszeit ist Leistungszeit", welche die Haltung der Bauarbeiter zunehmend prägt. Mit dem Anstieg der Produktivität muß die Verbesserung der Arbeits- und Lebensbedingungen, besonders auf den Baustellen, einhergehen.

Der Industriebau erhöht seine Produktion bis zum Ende des Fünfjahrplanes auf 120 Prozent. Immer wesentlicher wird, die Vorhaben effektiv zu realisieren, vor allem durch die Modernisierung und Rekonstruktion der vorhandenen Bausubstanz. Bei neuen Investitionen sollte der spezifische Bauaufwand um 10 Prozent verringert werden. In den nächsten 5 Jahren rechnen wir durchschnittlich mit 15 Prozent niedrigeren Bauzeiten. Grundsätzlich sollen Investitionsvorhaben in 2 Jahren fertiggestellt sein.

In diesem Fünfjahrplan ist vorgesehen, weitere 1 064 000 Wohnungen neu zu bauen oder zu modernisieren. Gewaltige Mittel gibt unser Staat dafür aus, woraus sich die Verpflichtung ableitet, sie noch rationeller, mit größeren sozialen Ergebnissen einzusetzen. Dem innerstädtischen Bauen wenden wir uns noch stärker zu, was dem Antlitz der Städte und Gemeinden sehr zugute kommt. Nehmen wir alles in allem, dann werden in dem historisch kurzen Zeitraum von 20 Jahren rund 3,5 Millionen Wohnungen neugebaut oder modernisiert sein. Das verbessert die Wohnverhältnisse für fast 10,5 Millionen Bürger.

Damit wird bis 1990 die Wohnungsfrage als soziales Problem gelöst und so ein altes Ziel der revolutionären Arbeiterbewegung Wirklichkeit. Jeder Bürger wird über angemessenen Wohnraum verfügen. Durch Neubau und Modernisierung wird die Qualität des Wohnungsbestandes ständig weiter erhöht.

Die folgende Übersicht verdeutlicht die Entwicklung des Anteils der Wohnungen mit Bad/Dusche:

	1970	1985	1990 (gegenwärtiger Arbeitsstand am Fünfjahrplan)
DDR insgesamt	39 %	74 %	86 %
darunter:			
Berlin	59 %	84 %	99 %
Cottbus	47 %	82 %	89 %
Dresden	33 %	68 %	81 %
Erfurt	38 %	76 %	86 %
Frankfurt	45 %	78 %	87 %
Gera	39 %	77 %	84 %
Halle	38 %	74 %	84 %
Karl-Marx-Stadt	29 %	67 %	84 %
Leipzig	38 %	72 %	86 %
Magdeburg	34 %	73 %	87 %

	1970	1985	1990 (gegenwärtiger Arbeitsstand am Fünfjahrplan)
Neubrandenburg	36 %	76 %	86 %
Potsdam	45 %	77 %	85 %
Rostock	39 %	77 %	85 %
Schwerin	33 %	73 %	83 %
Suhl	36 %	78 %	88 %

Der Anteil der Wohnungen mit Innentoilette entwickelt sich wie folgt:

	1970	1985	1990 (gegenwärtiger Arbeitsstand am Fünfjahrplan)
DDR insgesamt	39 %	68 %	79 %
darunter:			
Berlin	80 %	93 %	99 %
Cottbus	43 %	74 %	81 %
Dresden	32 %	54 %	67 %
Erfurt	36 %	66 %	76 %
Frankfurt	48 %	77 %	86 %
Gera	33 %	62 %	70 %
Halle	39 %	68 %	78 %
Karl-Marx-Stadt	22 %	44 %	72 %
Leipzig	38 %	64 %	77 %
Magdeburg	36 %	71 %	84 %
Neubrandenburg	37 %	74 %	84 %
Potsdam	50 %	76 %	84 %
Rostock	46 %	77 %	85 %
Schwerin	36 %	71 %	80 %
Suhl	26 %	56 %	67 %

Es bleibt bei stabilen, niedrigen Mieten, unabhängig vom wachsenden Einkommen. Selbstverständlich wissen wir, daß die Zeit nicht stehenbleibt. Auch im Sozialismus werden die Ehen nicht im Himmel, sondern auf der Erde geschlossen. Junge Leute kommen in ein Alter, in dem sie sich von den Eltern räumlich trennen und Wohnungen brauchen. Kinder brauchen Kinderkrippen, Kindergärten und Schulen. Wenn wir die Wohnungsfrage bis 1990 als Kernstück unseres sozialpolitischen Programms gelöst haben, wird der soziale Wohnungsbau weiter gefördert, wird die Erhöhung der Wohnkultur noch stärker in den Vordergrund treten.

Größte Sorgfalt sollte weiterhin bei der Standortwahl walten. Dem komplexen Ausbau der Gemeinschaftseinrichtungen für die soziale und kulturelle Betreuung, für Dienstleistungen und die gastronomische Versorgung kommt der gleiche Rang zu wie dem Wohnungsbau selbst. Verbessert werden muß die stadttechnische Infrastruktur, besonders in den Klein- und Mittelstädten. Leistungsfähigkeit und Attraktivität des öffentlichen Nahverkehrs sind zu erhöhen. Ein Hauptanliegen der Städte und Kreise sollte sein, für einen erheblichen Leistungsanstieg des kreisgeleiteten Bauwesens zu sorgen.

Mit der Kraft der ganzen Republik werden wir Berlin, die Hauptstadt der DDR, des ersten sozialistischen Staates auf deutschem Boden, weiter ausgestalten. Das hier Geleistete wird einen würdigen Platz in der 750jährigen Geschichte Berlins einnehmen. Gerade in der Hauptstadt werden die großen politischen, sozialen und ökonomischen Errungenschaften zum Ausdruck bringen, daß der Sozialismus nicht, wie einige Konservative des Westens behaupten, ein „Irrtum der Geschichte" ist, sondern die Zukunft der Menschheit repräsentiert. Wie diese Zukunft letztlich aussieht, kann jeder nicht nur in dem von Karl Marx und Friedrich Engels ausgearbeiteten „Manifest der Kommunistischen Partei", sondern auch in solchen Arbeiten von Friedrich Engels wie „Die Entwicklung des Sozialismus von der Utopie zur Wissenschaft" und „Der Ursprung der Familie, des Privateigentums und des Staats" nachlesen.

Die dynamische Entwicklung aller Bereiche unserer Volkswirtschaft stellt selbstverständlich an die Leistungsfähigkeit, Zuverlässigkeit und Effektivität der Infrastruktur höhere Anforderungen. Im Verkehrswesen kommt es darauf an, die steigende Produktion mit einem sinkenden spezifischen Transportaufwand zuverlässig zu bewältigen. Bis 1990 sollen weitere 1500 km Hauptstrecken elektrifiziert und der Anteil der elektrischen Zugbeförderung auf rund 60 Prozent erhöht werden. Aufgenommen wird der Fährverkehr zwischen Mukran und Klaipeda. Damit einhergehen muß die umfassende Einführung moderner Transporttechnologien, des Container- und Palettentransports. Im Personenverkehr sind die Qualität, Pünktlichkeit und Zuverlässigkeit weiter zu verbessern. Dabei stehen der Berufsverkehr sowie der Nahverkehr in der Hauptstadt und in den industriellen Ballungsgebieten im Vordergrund.

Untrennbar mit alledem verbunden ist der weitere Schutz der natürlichen Umwelt. Wir wenden bedeutende Mittel auf, um in Industrie und Landwirtschaft die entsprechenden Kapazitäten zu erweitern oder neu zu errichten. Immer mehr setzen wir Technologien ein, die eine Rückgewinnung von Werkstoffen und ihren Wiedereinsatz im wirtschaftlichen Kreislauf ermöglichen. Der sparsamste Einsatz von Ressourcen bietet zusätzlich Gewähr für eine verbesserte Qualität der Luft und der Gewässer sowie den Schutz der Wälder.

Liebe Genossinnen und Genossen!

In der Agrarpolitik verfolgen wir das Ziel, unsere Landwirtschaft als leistungsfähigen Teil der Volkswirtschaft weiter zu entwickeln. Dabei stützen wir uns auf das bewährte Bündnis der Arbeiterklasse mit den Genossenschaftsbauern. Aufblühende Dörfer, hohe Erträge und Leistungen auf dem Acker und im Stall sind eng miteinander verbunden. Durch die Entwicklung der Kooperation, deren Räte in wachsendem Maße größere Verantwortung für die Produktion übernehmen, wurden die besten Voraussetzungen geschaffen, um die zeitweise vorhandene Trennung von Pflanzen- und Tierproduktion zum Nutzen der Bauern zu überwinden.

Den Genossenschaftsbauern von heute charakterisieren eine hohe Qualifikation, ein ausgeprägtes Verantwortungsbewußtsein für die Bearbeitung und Pflege des Bodens und die Betreuung der Tierbestände, für den effektivsten Einsatz der landwirtschaftlichen Maschinen und Ausrüstungen, der agrochemischen Produkte und der Futtermittel. Er nutzt die bäuerlichen Erfahrungen wie die fortgeschrittene Agrarwissenschaft und kennt sich in den Daten der Ökonomie gut aus. Die Klasse der Genossenschaftsbauern in der DDR verkörpert jahrzehntelange Erfahrungen erfolgreicher sozialistischer Entwicklung. Voll ist sie sich der Tatsache bewußt, daß die weitere Entfaltung der Vorzüge des Sozialismus auch die Perspektive der sozialistischen Landwirtschaft und der Bauern gewährleistet. Damit sind wir imstande, auch in der Landwirtschaft jene qualitativ neuen Schritte wie in der ganzen Volkswirtschaft zu gehen.

In Zukunft werden wir der Pflanzenproduktion noch größere Aufmerksamkeit zu schenken haben. So sieht der Fünfjahrplan 1986 bis 1990 vor, die Hektarerträge durchschnittlich jährlich um 1,7 Prozent und die tierische Produktion um 1,4 Prozent zu erhöhen. Die Erträge sind zu stabilisieren und auszubauen. Am Ende des Fünfjahrplans sollen bis 52 Dezitonnen Getreideeinheiten je Hektar erreicht werden. Das verlangt, eine Getreideernte von 12 Millionen Tonnen zu erzielen. Bei allen Kulturarten sind höhere Erträge notwendig. Es kommt darauf an, sowohl das wirtschaftseigene Futteraufkommen zu erhöhen als auch den Obst- und Gemüseanbau umfassend zu fördern. Die langfristigen Programme geben die Richtschnur für die Menge, Struktur und Qualität. Zugleich gewinnt die Weiterverarbeitung landwirtschaftlicher Erzeugnisse durch die LPG und VEG sowie die Einrichtungen der VdgB an Gewicht.

Was die tierische Produktion betrifft, so verlangt die Befriedigung des gesellschaftlichen Bedarfs, Inlandverbrauch und Export zusammengenommen, für 1990 ein staatliches Aufkommen von 2,62 bis 2,65 Millionen Tonnen Schlachtvieh, 7,35 bis 7,55 Millionen Tonnen Milch, 4,8 bis 4,9 Milliarden Eiern und 8500 bis 9000 Tonnen Schafwolle. Dabei geht der Plan im allgemeinen von gleichbleibenden Tierbeständen aus. Der vorgesehene Zuwachs soll ausschließlich aus der Leistungssteigerung je Tier fließen, lediglich die Schafbestände werden im Interesse der Wollproduktion erhöht. Es ist ein zwingendes ökonomisches Gebot, alles gewachsene Futter effektiv zu verwerten und die Futterreserven weiter zu erschließen.

Auch in Zukunft findet die individuelle Produktion in den persönlichen Hauswirtschaften der Genossenschaftsbauern und Arbeiter und im Verband der Kleingärtner, Siedler und Kleintierzüchter unsere volle Unterstützung. Auf Dauer hat sie ihren festen Platz in unseren Bilanzen und ergänzt die gesellschaftliche Produktion sehr wirksam. Bis 1990 werden 150 000 Kleingärten neu geschaffen, davon 20 000 für die Hauptstadt Berlin. In diesem Prozeß werden zugleich die Beziehungen der Kleingartenanlagen und Siedlungen zum gesellschaftlichen Leben in den Wohngebieten immer enger.

Der Plan 1986 bis 1990 setzt wesentliche Fortschritte auf dem Wege der Intensivierung voraus. Im Kern handelt es sich darum, die Erzeugung pflanzlicher und tierischer Produkte je Hektar schneller zu steigern als den Aufwand an lebendiger und vergegenständlichter Arbeit.

Sehr viel hängt davon ab, die Zusammensetzung dieser Fonds den Notwendigkeiten noch mehr anzupassen und ihre Qualität zu erhöhen. Bringt man alles auf einen Nenner, so verlangen stabile Zuwachsraten der Produktion eine hohe Ökonomie beim Einsatz von Material, Energie und Grundfonds, eine bessere Qualität der Erzeugnisse, neue Verfahren und Technologien sowie die optimale Organisation der Arbeit. Umfassende Intensivierung der Landwirtschaft betrifft vor allem die Mechanisierung, Chemisierung und Melioration, eng verbunden mit der Ausschöpfung aller Kräfte der Natur.

Die enge Verbindung von Agrarwissenschaft und Landwirtschaft wird die Wachstumsfaktoren zunehmend stimulieren. Dazu muß das langfristige Programm der Agrarforschung noch wirksamer realisiert werden. Die Hoch- und Fachschulen der Landwirtschaft werden wir neu profilieren, um mehr anwendungsbereites Wissen zu vermitteln.

Die Investitionen konzentrieren wir weiter auf die Pflanzenproduktion. In der Tierproduktion stehen die Rationalisierung und Rekonstruktion von Ställen und Anlagen an erster Stelle. In der Nahrungsgüterwirtschaft bilden die verlustarme Verwertung und höhere Veredlung der agrarischen Rohstoffe den Schwerpunkt.

Wenn wir die wichtigsten Richtungen der weiteren Gestaltung der Produktionsverhältnisse auf dem Lande charakterisieren, dann ist vor allem eine Feststellung zu treffen. Die LPG und VEG der Pflanzen- und Tierproduktion sind und bleiben die Grundeinheiten der gesellschaftlichen Organisation der Produktion auf dem Lande. Die Kooperation wird vertieft, was vor allem mit der Übernahme und ständig besseren Wahrnehmung wirtschaftsleitender Funktionen durch die Kooperationsräte einhergeht. In den LPG kommt es darauf an, die genossenschaftliche Demokratie weiter auszuprägen und den Einfluß der Mitgliederversammlungen bei Grundsatzentscheidungen zu erhöhen.

Von den VEG erwarten wir, daß sie als Stützpunkte der Arbeiterklasse auf dem Lande mit ihren Leistungen wesentliche Impulse für die umfassende Intensivierung der gesamten Landwirtschaft geben. Noch überzeugender werden sie als Schrittmacher des Neuen hervortreten. Wachsende Bedeutung erlangt die Zusammenarbeit in den Kooperationsverbänden, die auf die Überleitung wissenschaftlich-technischer Erkenntnisse großen Einfluß ausübt. Es ist eine Ordnung zur Einbeziehung der Kooperationsverbände in den staatlichen Entscheidungsprozeß auszuarbeiten.

Die Agrar-Industrie-Vereinigungen sind eine entwickelte Form der Kooperation. Auch in ihnen sind und bleiben die LPG und VEG Grundeinheiten der Agrarproduktion, die in Kooperationsräten zusammenwirken. Sie sollten vor allem durch wirtschaftsleitende Tätigkeit den wissenschaftlich-technischen Fortschritt verbindlich und mit hoher ökonomischer Wirksamkeit durchsetzen. Zugleich gewinnt die Tätigkeit der Räte für Landwirtschaft und Nahrungsgüterwirtschaft in den Kreisen an Gewicht.

Die im Verlaufe der Agrarpreisreform geschaffenen Kosten- und Erlösverhältnisse werden grundsätzlich beibehalten. Anzustreben ist, die Agrarpreise, die ab 1986 gelten, bis 1990 nicht wesentlich zu verändern. Als nötig erweist sich, schneller theoretischen Vorlauf für die Vervollkommnung der ökonomischen Regelungen zu schaffen. Insbesondere betrifft das Arbeiten zur Differentialrente und zur Ökonomie der Grundfonds und der lebendigen Arbeit. Unsere Partei beabsichtigt, die Maßnahmen der Leitung, Planung und wirtschaftlichen Rechnungsführung aller am Agrar-Industrie-Komplex beteiligten Zweige der Volkswirtschaft künftig noch stärker zu koordinieren.

Es wächst die Rolle der VdgB als sozialistische Massenorganisation der Genossenschaftsbauern und -gärtner, was nicht zuletzt darin zum Ausdruck kommt, daß sie Kandidaten für die Wahl zur Volkskammer aufstellt. Wir führen die Tradition der Kreisbauernkonferenzen fort und schlagen vor, für 1987 den XIII. Bauernkongreß der DDR einzuberufen und in Schwerin durchzuführen.

Auch in Zukunft sehen wir ein wichtiges Anliegen darin, das Dorf als Zentrum landwirtschaftlicher Produktion und bäuerlichen Lebens zu entwickeln und durch die verschiedensten Maßnahmen den wesentlichen Unterschied zwischen Stadt und Land zu überwinden. Wir lieben das Dorf, es ist ein anderes Dorf als zu Kaisers Zeiten, als zu Zeiten der Weimarer Republik, als zu Zeiten des Nazismus, in denen es zu den rückständigsten Gebieten gehörte und in Herren und Knechte geteilt war. Das sozialistische Dorf wird noch schöner werden. Für jedes ist auf der Grundlage von Ortsgestaltungskonzeptionen eine konkrete Perspektive auszuarbeiten. Alle gesellschaftlichen Kräfte, ja die ganze Dorfbevölkerung werden sie gemeinsam verwirklichen.

Die energische Unterstützung der LPG, VEG und der im Dorf ansässigen Betriebe braucht auch der Bau von mehr Wohnungen und Krippenplätzen auf dem Lande. Im Zusammenhang damit sind die Eigenversorgung im Territorium und die Weiterverarbeitung von Agrarprodukten zu fördern. Wichtig sind die Gewährleistung der Versorgung in den Dörfern mit Waren des täglichen Bedarfs, die notwendigen Gemeinschaftseinrichtungen, ihre Pflege und Instandhaltung, bis hin zu niveauvoll gestalteten Gaststätten und Kultureinrichtungen.

Die staatlichen Organe sollten sich noch aufmerksamer der Frage annehmen, wie vor allem in LPG mit noch niedrigem Produktionsniveau das gesellschaftliche Arbeitsvermögen rationeller zu nutzen ist und junge Kader angesiedelt werden können. Die Dorfjugend, besonders die Söhne und Töchter der Genossenschaftsbauern, für einen landwirtschaftlichen Beruf zu gewinnen, die Jugendlichen gut auszubilden und sie im Dorf seßhaft zu machen, das alles gehört dazu, die Klasse der Genossenschaftsbauern in unserer sozialistischen Gesellschaft zu entwickeln.

Viel hängt von den Werktätigen der Nahrungsgüterwirtschaft ab. In enger Zusammenarbeit mit dem Handel gilt es, der wachsenden Nachfrage der Bürger nach neuen, hochwertigen Nahrungsmitteln schneller zu entsprechen. Noch schneller als bisher heißt es dafür die eigene Rationalisierungsmittelproduktion zu erweitern.

Liebe Genossinnen und Genossen!

Bei all unseren Plänen und ihrer Realisierung können wir uns auf feste Vereinbarungen über die weitere Vertiefung der sozialistischen ökonomischen Integration stützen. Die brüderliche Zusammenarbeit mit der UdSSR wird immer stärker von den Erfordernissen der Intensivierung geprägt, woraus sich höhere Anforderungen an das wissenschaftlich-technische Niveau der Erzeugnisse, an die Qualität und an die gewissenhafte Einhaltung der Verträge ergeben. Es spricht für das hohe Niveau dieser Zusammenarbeit, daß für diesen Fünfjahrplanzeitraum ein gegenseitiger Warenaustausch in Höhe von über 380 Milliarden Mark vereinbart wurde. In der Welt gibt es keine langfristige Vereinbarung, die ein derart gewaltiges Volumen auch nur annähernd erreicht.

Die Dynamik der gegenseitigen Lieferungen beruht in zunehmendem Maße auf einer Forschungs- und Produktionskooperation, die nahezu alle Zweige umfaßt. In den Vordergrund treten die Entwicklung und effektive Nutzung moderner Schlüsseltechnologien, die Produktion neuer Erzeugnisse mit Weltniveau sowie die Zusammenarbeit bei der Konsumgüter- und Nahrungsmittelproduktion. Das Potential des

Maschinenbaus und der anderen Zweige der verarbeitenden Industrie der DDR wird noch mehr auf den Bedarf der UdSSR und der anderen sozialistischen Länder orientiert.

Unsere Exportleistungen bilden zugleich eine wichtige Voraussetzung, um auch weiterhin die notwendigen Importe von Roh- und Brennstoffen sowie Maschinen, Anlagen und Ausrüstungen aus der Sowjetunion zu sichern. Für 1986 bis 1990 konnte so die Fortsetzung der sowjetischen Rohstofflieferungen im wesentlichen auf dem erreichten hohen Niveau vereinbart werden. Einen hervorragenden Platz nehmen die Lieferungen von 85,4 Millionen Tonnen Erdöl, 36 Milliarden Kubikmetern Erdgas, 16 Millionen Tonnen Walzstahl, 650 000 Tonnen Aluminium, 490 000 Tonnen Zellstoff, 425 000 Tonnen Baumwolle und von anderen Rohstoffen ein. Diese wertvollen Rohstoffe, die eine unverzichtbare Grundlage unserer wirtschaftlichen Entwicklung bilden, sind so effektiv wie möglich zu nutzen. Im Interesse ihrer langfristigen Rohstoffversorgung wird sich die DDR weiterhin daran beteiligen, Investitionsobjekte der Rohstoff- und Energieproduktion in der UdSSR zu errichten. Neue Möglichkeiten ergeben sich für die weitere Erhöhung des Imports hochproduktiver Ausrüstungen und kompletter Anlagen aus der Sowjetunion.

Im Rahmen der sozialistischen ökonomischen Integration wird die DDR die Zusammenarbeit mit allen Ländern des RGW erweitern. Davon zeugt die kontinuierliche Erhöhung der gegenseitigen Warenlieferungen, die bis 1990 vereinbart werden konnte. Ausgebaut wird die ökonomische Zusammenarbeit mit der Republik Kuba, der Sozialistischen Republik Vietnam und anderen außereuropäischen sozialistischen Ländern. Bei der Gestaltung der Wirtschaftsbeziehungen mit der Volksrepublik China geht die DDR davon aus, daß sich die wirtschaftliche und wissenschaftlich-technische Zusammenarbeit durch die Nutzung der auf vielen Gebieten vorhandenen Möglichkeiten weiter vertieft und ihr zunehmend ein langfristiger Charakter verliehen wird, wie es dem Willen unserer beiden Völker entspricht. Mit dem Handelsabkommen für die Jahre 1986 bis 1990 bestehen dafür wichtige Grundlagen.

Gestützt auf die sozialistische ökonomische Integration, setzen wir uns für den weiteren Ausbau der Wirtschaftsbeziehungen mit allen Staaten des nichtsozialistischen Wirtschaftsgebietes ein, die an gleichberechtigter, gegenseitig vorteilhafter ökonomischer Zusammenarbeit interessiert sind. Wir lassen uns davon leiten, daß wirtschaftliche Beziehungen der Politik der friedlichen Koexistenz dienen.

Liebe Genossinnen und Genossen!

Die Deutsche Demokratische Republik verfügt über ein gut funktionierendes System der sozialistischen Planwirtschaft. Es erweist sich als leistungsfähig, dynamisch und flexibel. Seine Bestandteile und Instrumentarien richten sich darauf, die ökonomische Strategie unserer Partei zu verwirklichen. Im Zeichen der Intensivierung fördert es so nicht allein mengenmäßige Fortschritte, sondern vor allem die bedarfsgerechte Produktion in hoher Qualität, mit niedrigen Kosten. Im Sinne dieser Wirtschaftspolitik wirken die zentrale Planung und Bilanzierung, die Leistungsbewertung nach den 4 Hauptkennziffern, insbesondere der Nettoproduktion, die wirtschaftliche Rechnungsführung mit Preisen, Kosten, Finanz- und Kreditbeziehungen, die leistungsorientierte Lohnpolitik und das Vertragssystem.

Natürlich verlangt das Leben, das Erreichte zu vervollkommen. Dabei bleiben die grundlegenden ökonomischen Prozesse fest in der Hand des Staates. Die zentrale staatliche Leitung und Planung garantiert, daß überall die Arbeit auf ein gemeinsames Ziel gerichtet ist. Die gesamtgesellschaftlichen Interessen kommen im Fünfjahrplan sowie in den jährlichen Volkswirtschafts- und Staatshaushaltsplänen verbindlich zum Ausdruck. Wesentlich ist, die zentrale staatliche Leitung und Planung immer wirkungsvoller mit der schöpferischen Aktivität der Werktätigen, der eigenverantwortlichen Tätigkeit der Kombinate, Betriebe, Genossenschaften und der örtlichen Staatsorgane zu verknüpfen. Sozialistischer Wettbewerb, die umfassende Plandiskussion, die breite Anwendung erprobter Methoden der sozialistischen Betriebswirtschaft und präzise Leistungsvergleiche bilden unverzichtbare Teilstücke dieser Mitarbeit.

Das Rückgrat der sozialistischen Planwirtschaft der DDR sind die Kombinate mit ihren Betrieben. In Industrie und Bauwesen, im Transport- und Nachrichtenwesen sowie in der bezirksgeleiteten Industrie haben sie sich als moderne Form der Leitung der sozialistischen Großproduktion unter den Bedingungen der Intensivierung sehr gut bewährt. Ganz entscheidend entspringt die Effektivität der Kombinate der einheitlichen Leitung aller wichtigen Phasen des Reproduktionsprozesses. Vor allem wurde die organische Verbindung von Produktion und Wissenschaft auf ökonomischer Grundlage hergestellt. Mehr und mehr werden so die Kombinate zu Katalysatoren einer hohen Dynamik in Wissenschaft und Technik und der wirtschaftlichen Verwertung ihrer Ergebnisse.

Positiv wirkt sich aus, daß die zentralgeleiteten Kombinate direkt den Ministern unterstellt sind, die im Auftrag von Partei und Regierung die gesamtgesellschaftliche Verantwortung für die Leistungsentwicklung im jeweiligen Bereich wahrnehmen. Diese Verantwortung wird nicht durch Zwischenorgane geschwächt, sondern weiter ausgebaut.

Die Kombinate mit ihren Betrieben besitzen bereits eine ausgeprägte volkswirtschaftliche Eigenverantwortung. Dieser hohen gesellschaftlichen Verpflichtung, für deren Erfüllung der Plan stets Maßstab ist und bleibt, werden sie zunehmend besser gerecht. Dabei entwickeln sie in großem Maße eigene Initiativen, um die volkswirtschaftlichen Leistungsziele zu begründen und zu überbieten. Davon zeugen die Verpflichtungen, die für die Überbietung der Planziele des Jahres 1986 zu Ehren des XI. Parteitages übernommen worden sind. Sie wurden, so dürfen wir heute feststellen, in der ersten Etappe bis zum 31. März dieses Jahres entsprechend der Einheit von Wort und Tat realisiert.

All das ist von hoher politischer Bedeutung, ist Ausdruck der Tatsache, daß sich die Werktätigen mit Initiative und Eigenverantwortung höheren Aufgaben stellen und ihren eigenen Beitrag leisten. Dies gilt nicht nur für die quantitativen Ziele, sondern vor allem auch für entscheidende qualitative Größen und Kennziffern, für die Produktion neuer Erzeugnisse, entsprechend höchsten internationalen Maßstäben, für die Senkung der Kosten und die Steigerung der Arbeitsproduktivität. Bereits jetzt stellt man sich auf jene qualitativen Aufgaben ein, die unsere ökonomische Strategie mit dem Blick auf das Jahr 2000 erfordert.

Daraus leiten sich natürlich auch Schlußfolgerungen für die Tätigkeit der Ministerien und der Staatlichen Plankommission, des Ministeriums für Wissenschaft und Technik, des Ministeriums der Finanzen und anderer staatlicher Organe her. Sie müssen sich noch konsequenter auf die gewachsene volkswirtschaftliche Verantwortung der Kombinate einstellen, dafür klare ökonomische Maßstäbe setzen, volkswirtschaftliche Bedingungen schaffen und selbst aufmerksam studieren, welche neuen Ergebnisse und Erfahrungen entstehen, um sie dann in der Breite der Volkswirtschaft zu verallgemeinern.

Im Hinblick auf die neuen Anforderungen der kommenden Jahre

sind die Kombinate zur breitesten Basis für die ökonomisch effektive Entwicklung und Anwendung der Schlüsseltechnologien zu gestalten. Mit ihren wissenschaftlich-technischen Kapazitäten in Konstruktion, Projektierung und Technologie, ihrem Rationalisierungsmittelbau, einer flexiblen Organisation der Produktion müssen sie zunehmend eigene Spitzenleistungen von internationalem Format vollbringen. Die Kombinate sind so weiterzuentwickeln, daß sie qualitätsbestimmende Zulieferungen selbst produzieren. Das ist eine Grundvoraussetzung, um überall mit hoher Effektivität zu arbeiten und vor allen Dingen rasch auf sich verändernde Bedarfsanforderungen zu reagieren. In diesem Sinne muß auch der Formgestaltung noch größere Aufmerksamkeit gewidmet werden.

Der Produktionsprozeß der Kombinate wird jetzt so gestaltet, daß er im Prinzip vom Rohstoff, vom Ausgangsmaterial, bis hin zu den höheren Stufen der Veredlung führt. Die Kräfte dafür sind im Sinne der Schwedter Initiative durch Rationalisierung des eigenen Produktionsprozesses zu gewinnen. Jedes Kombinat steht vor der Aufgabe, den eigenen Rationalisierungsmittelbau so zu entwickeln, daß damit der Hauptteil der Modernisierung der Grundmittel und die Einführung neuer Erzeugnisse verwirklicht werden kann. Im Kombinat wird auch die Verantwortung für die Ausbildung des Kadernachwuchses, insbesondere an Facharbeitern, und die Weiterbildung zu erhöhen sein.

Die weitere Gestaltung von Leitung, Planung und wirtschaftlicher Rechnungsführung soll gewährleisten, daß die wachsenden Verflechtungen in unserer hochentwickelten Volkswirtschaft immer besser beherrscht werden. Daraus ergeben sich neue Anforderungen an die Bilanzierung. Sie muß die staatliche Planung stärken, die planmäßige proportionale Entwicklung sichern helfen und gleichzeitig Voraussetzungen dafür schaffen, daß die ökonomische Verantwortung der Kombinate und Betriebe weiter erhöht wird. In diesem Sinne ist bei allen Bilanzen die Einheit von Wert und Gebrauchswert zu gewährleisten. Für all das bietet die moderne Rechentechnik neue Möglichkeiten.

Die Staatliche Plankommission, das Ministerium für Chemische Industrie sowie das Ministerium für Erzbergbau, Metallurgie und Kali verfügen bereits über Erfahrungen mit einem rechnergestützten Bilanzierungssystem. Jetzt besteht die Aufgabe darin, es durchgängig, von der Staatlichen Plankommission über das betreffende Ministerium bis hin in die Kombinate, zu gestalten. In der Metallurgie wird es gleichzeitig auch in Richtung auf die Steuerung der wichtigsten metallurgischen Produktionsprozesse selbst gestaltet und erfaßt zunehmend die qualitativen Seiten der Produktion, wie Energie- und Materialverbrauch sowie die Entwicklung der Erzeugnisqualität. Das sind neue Schritte auf dem Gebiet der sozialistischen Planwirtschaft.

Im Interesse der Förderung der Schlüsseltechnologien und einer raschen Erneuerung der Produktion ergeben sich weitere Konsequenzen. Der Staatsplan Wissenschaft und Technik ist noch enger mit der Vorbereitung und Durchführung der Investitionen zu verbinden. Auch der Fünfjahrplan der Grundlagenforschung der Akademie der Wissenschaften und des Hochschulwesens wird in die zentrale staatliche Planung eingeordnet.

Weiter zu festigen ist die Einheit von materieller und finanzieller Planung. Die Kategorien Gewinn, Kosten, Preis, Kredit und Zins müssen das ökonomische Interesse der Kombinate und Betriebe immer zwingender auf die bedarfsgerechte Produktion in hoher Qualität, Produktivität und Effektivität richten. In diesem Prozeß wächst die Bedeutung des Staatshaushalts, des Geld- und Kreditwesens sowie des Preissystems für die Effektivität der Produktion sowie eine Verteilung und Verwendung des Nationaleinkommens, die voll unserer Politik entsprechen. Einen größeren Platz als bisher wird die Behandlung des Haushalts in den Kommunen, Kreisen, Bezirken und der Volkskammer einnehmen. Damit erhalten die Wähler durch ihre Abgeordneten den ihnen zustehenden stärkeren Einfluß auf die Verteilung des von ihnen erwirtschafteten Nationaleinkommens.

In den kommenden Jahren werden wir den bewährten Weg fortsetzen, in den Industrie-, Agrar- und Baupreisen sowie in den Transporttarifen den realen volkswirtschaftlichen Aufwand widerzuspiegeln. Damit wird er vor allem dort sichtbar, wo die Werktätigen ihn am besten beeinflussen können. In gleicher Richtung wirken die nach den Industriepreisen des Jahres 1986 neu bewerteten Grundmittel. So verfügen wir in den Aufwands- und Ergebnisrechnungen der Volkswirtschaft, der Kombinate und Betriebe über reale Wertmaßstäbe.

Auch künftig werden wir die Politik stabiler Verbraucherpreise für Waren des Grundbedarfs sowie für Mieten, Tarife und Dienstleistungen fortführen. Wie bisher sollen die Verbraucherpreise für neue und hochwertige Erzeugnisse so festgelegt werden, daß sie in der Regel die Kosten decken und für den Betrieb und die Gesellschaft den erforderlichen Gewinn bringen. Dies trägt zugleich dem sozialistischen Leistungsprinzip Rechnung.

Liebe Genossinnen und Genossen!

Bis 1990 wird das Realeinkommen pro Kopf der Bevölkerung gegenüber 1985 auf 120 bis 123 Prozent wachsen. Wir setzen die bewährte leistungsorientierte Lohnpolitik fort und führen schrittweise die Produktivlöhne weiter für etwa 4,5 Millionen Arbeiter, Meister, Hoch- und Fachschulkader sowie technisch-ökonomische Fachkräfte in der Industrie, im Bauwesen, Verkehrswesen und in anderen Bereichen der Volkswirtschaft. Dies vollzieht sich nach dem Grundsatz „Jeder nach seinen Fähigkeiten, jedem nach seiner Leistung".

Der Weg der Förderung von Familien mit Kindern wird weiter beschritten. Ab 1. Mai dieses Jahres erhalten die Mütter bereits nach der Geburt des ersten Kindes ein bezahltes Babyjahr. Es wird die Möglichkeit geschaffen, schon vor der Geburt des Kindes davon zwei Wochen vor dem Schwangerschaftsurlaub in Anspruch zu nehmen. Die bezahlte Freistellung zur Pflege erkrankter Kinder wird allen berufstätigen Müttern bereits bei zwei Kindern gewährt. Ebenso ist ab 1. Mai vorgesehen, die Kredite für junge Eheleute von bisher 5000 Mark auf 7000 Mark und die Altersgrenze für die Gewährung solcher Kredite von 26 auf 30 Jahre zu erhöhen. Weitere Maßnahmen werden zur Unterstützung von Familien mit besonders pflegebedürftigen Kindern wirksam. Insgesamt setzen wir dafür jährlich 400 Millionen Mark ein.

Weiter beabsichtigen wir, ab 1. Mai 1987 das Kindergeld bedeutend zu erhöhen. Für das erste Kind soll es von bisher 20 Mark auf 50 Mark monatlich ansteigen. Für das zweite Kind ist eine Erhöhung von bisher 20 Mark auf 100 Mark, für das dritte und jedes weitere Kind von 100 Mark auf 150 Mark monatlich vorgesehen. Damit wird der Abstand in den Pro-Kopf-Einkommen der Haushalte mit Kindern gegenüber solchen ohne Kinder spürbar verringert. Insgesamt stellen wir für diese bedeutende sozialpolitische Maßnahme jährlich 2 Milliarden Mark bereit. Unsere Veteranen können gewiß sein, daß wir im Maße der steigenden Leistungen der Volkswirtschaft alles tun werden, die Bedingungen ihres Lebensabends immer besser zu gestalten.

Genossinnen und Genossen!

Gestattet mir, das Wesen und den Inhalt der ökonomischen Strategie in einigen Schwerpunkten zusammenzufassen.

Erstens. Die ökonomische Strategie unserer Partei mit dem Blick auf das Jahr 2000 ist darauf gerichtet, die Vorzüge des Sozialismus noch wirksamer mit den Errungenschaften der wissenschaftlich-technischen Revolution zu verbinden, die selbst in eine neue Etappe eingetreten ist. Mikroelektronik, moderne Rechentechnik und rechnergestützte Konstruktion, Projektierung und Steuerung der Produktion bestimmen mehr und mehr das Leistungsvermögen einer Volkswirtschaft. In enger Wechselwirkung damit breiten sich andere Schlüsseltechnologien aus, wie flexible automatische Fertigungssysteme, neue Bearbeitungsverfahren und Werkstoffe, die Biotechnologie, die Kernenergie und die Lasertechnik. Das sind gewaltige Herausforderungen und zugleich Chancen, die Produktion rasch zu erneuern, ihre Qualität zu erhöhen und den Aufwand in einem Maße zu senken, wie das bisher nicht möglich war. Auf diesem Felde fallen die Entscheidungen über das Wachstumstempo der Arbeitsproduktivität, von denen abhängt, wie unsere Ökonomie den Bedürfnissen der Menschen, den vielfältigen inneren Erfordernissen der Entwicklung unseres Landes gerecht wird und sich in der Welt behaupten kann. Damit reifen auch neue Voraussetzungen heran, die Stellung der Werktätigen im Produktionsprozeß zu verändern, ihnen interessantere schöpferische Aufgaben zu übertragen, ihre Arbeitsbedingungen immer günstiger zu gestalten, wie das eines sozialistischen Betriebes würdig ist.

Die internationale Entwicklung der Produktivkräfte vollzieht sich zunehmend rascher, und so können wir uns das Tempo nicht aussuchen. Es heißt, den Wettlauf mit der Zeit zu bestehen, an wichtigen Punkten Vorsprung zu erzielen und dadurch hohe ökonomische und soziale Ergebnisse zu realisieren. Bekanntlich haben sich die Jenaer Zeiss-Werker verpflichtet, bereits jetzt wesentliche Ausrüstungen für die Produktion von 1-Megabit-Speicherschaltkreisen zu produzieren und Ausrüstungen für die Herstellung von 4-Megabit-Speicherschaltkreisen vorzubereiten. Das Wesen dieser Zielstellung ist, innerhalb weniger Jahre auf einem entscheidenden Feld in der DDR das fortgeschrittenste Niveau zu erreichen. Das hat in unserem ganzen Land Zeichen gesetzt.

Hier zeigen sich Wirkungen einer neuen Stufe der organischen Verbindung von Wissenschaft und Produktion. In ihrem Zentrum stehen die Kombinate. Zusammen mit den Einrichtungen der Akademie der Wissenschaften der DDR und des Hochschulwesens organisieren sie den Kampf um Spitzenpositionen. Dazu hat das Politbüro bekanntlich wegweisende Beschlüsse gefaßt. Immer tieferen Einfluß auf alle diese Prozesse gewinnt das wachsende geistige Potential unseres Landes, das seine Hauptquelle in dem hochentwickelten einheitlichen sozialistischen Bildungssystem hat.

Zweitens. Unsere ökonomische Strategie hat zum Inhalt, die Steigerung der Arbeitsproduktivität zu beschleunigen. Darin vor allem muß sich die Beherrschung der Schlüsseltechnologien ausweisen. Immer mehr Kombinate erzielen jährlich Zuwachsraten der Arbeitsproduktivität von 10 Prozent und mehr. Sie setzen damit die gültigen Maßstäbe für die kommenden Jahre. Alle Faktoren der Steigerung der Arbeitsproduktivität müssen wirksam genutzt werden. Wo der Aufwand an lebendiger und an vergegenständlichter Arbeit sinkt, wo gleichzeitig die Qualität der Erzeugnisse steigt, sind die wirtschaftlichen Resultate am besten. Das zeigt sich im Wachstum des Nettoprodukts und des Nationaleinkommens.

Die Arbeitsproduktivität schneller zu steigern erfordert, noch konsequenter nach dem Gesetz der Ökonomie der Zeit zu handeln. Heute, da die Wirtschaft zum Hauptfeld der Auseinandersetzung zwischen den beiden Gesellschaftssystemen geworden ist und bleiben soll, bedeutet Zeitgewinn zugleich Kraftgewinn für den Sozialismus. Mit weniger Aufwand mehr Qualitätsprodukte herzustellen, neue Erzeugnisse schneller in die Produktion zu überführen, Spitzenleistungen rasch zu realisieren und dabei gute wirtschaftliche Ergebnisse zu erzielen, das alles heißt Zeitgewinn für den Sozialismus. Höchste Ökonomie der Zeit, dieser Anspruch gilt für alle Kombinate und Betriebe, für alle Bereiche unserer Volkswirtschaft.

Drittens. Unsere ökonomische Strategie zielt darauf ab, das Wachstum der Produktion bei sinkendem spezifischem Aufwand an Roh- und Werkstoffen sowie Energieträgern zu gewährleisten. Der Anteil des Produktionsverbrauchs am Gesamtprodukt muß weiter sinken, was das Wachstum des Nationaleinkommens beschleunigt. Diesen Prozeß fortzusetzen verlangt in immer stärkerem Maße neue technologische Lösungen. Vor allem moderne Produktionsverfahren werden die künftigen Fortschritte der Material- und Energieökonomie bringen. Andererseits gilt es, den Einsatz von Energie, Rohstoff und Material im volkswirtschaftlichen Kreislauf so ökonomisch wie möglich zu organisieren. Die Abfall- und Abprodukte müssen in ihn zurückfließen. Dieses Prinzip gilt es auf weitere Arten von Sekundärrohstoffen auszudehnen.

Die Bedeutung einheimischer Rohstoffe nimmt ständig zu. Braunkohle, einheimische Erze und besonders Silikatrohstoffe gewinnen noch an wirtschaftlichem Wert für unser Land. So beginnen wir in diesem Fünfjahrplan die Produktion von Aluminium aus einheimischen Tonen. Große Aufmerksamkeit verdient, neue Werkstoffe zu entwickeln und zu erzeugen, in erster Linie aus dem eigenen Aufkommen. Schon erreichte Spitzenpositionen, wie bei einzelnen Glas-Keramik-Werkstoffen, sind auszubauen und vor allem in breitem Umfang wirtschaftlich zu nutzen.

Rohstoffe ökonomisch einzusetzen heißt in allererster Linie, sie weitgehend zu veredeln. Mit jedem Kilogramm Material muß ein immer höherer Erlös erzielt werden, das ist der Maßstab. Der Weg dahin führt über qualifizierte Arbeit und wissenschaftlich-technische Höchstleistungen. Das Wirtschaftswachstum der DDR wird zunehmend von der Veredlung der Produktion bestimmt werden. So erhalten große Wirtschaftsbereiche ein neues Gesicht, ähnlich wie sich unsere Metallurgie zur Veredlungsmetallurgie wandelte.

Viertens. Unsere ökonomische Strategie schließt ein, in der Volkswirtschaft durchgängig eine Qualitätsproduktion zu erreichen, die hohen internationalen Maßstäben entspricht. Qualitätsbestimmend sind heute das wissenschaftlich-technische Niveau der Erzeugnisse, ihr Gebrauchswert, ihre Funktionstüchtigkeit und ihr Design. Als ebenso wesentlich erweisen sich modernste Herstellungsverfahren, die darüber entscheiden, ob der innere und äußere Bedarf an Qualitätsprodukten in den nötigen Stückzahlen und auf rationelle Weise gedeckt werden kann. Alle Förderung verdient die Masseninitiative, die eine fehlerlose Produktion anstrebt. Nicht nur einige, sondern alle Erzeugnisse sollen von hoher Qualität sein, wie aus gleichem Holz geschnitzt für die Versorgung der Bevölkerung wie für den Export.

Qualität kennt keinen Stillstand. So verbindet sich ihre Steigerung mit einer hohen Erneuerungsrate der Produktion, die etwa 30 Prozent pro Jahr betragen muß. Wer nicht immer aufs neue nach Spitzenleistungen strebt, bleibt im internationalen Wettstreit auf der Strecke. Ständig Bestes bieten, das allein sichert auch gute wirtschaftliche Erlöse.

Fünftens. Die ökonomische Strategie unserer Partei räumt der sozialistischen Rationalisierung einen hohen Rang ein. Sie geht in großer Breite vonstatten und wird immer mehr von modernsten technischen

Mitteln charakterisiert. So stellt sie einen Hauptweg dar, die Arbeitsproduktivität zu steigern. Zugleich bietet sie Arbeitern, Wissenschaftlern und Technikern ein weites Feld schöpferischer Betätigung und verbessert die Arbeitsbedingungen. Wesentlich ist, rasch die höhere Stufe der sozialistischen Rationalisierung zu erreichen, welche durch die Anwendung moderner Schlüsseltechnologien ermöglicht wird. Beispiele dafür liefern die Einführung der CAD/CAM-Technik und die Schaffung flexibler automatisierter Fertigungsabschnitte, in die Industrieroboter organisch eingefügt sind.

Durch die rechnergestützte Konstruktion, Projektierung und technologische Vorbereitung wird die Arbeit Hunderttausender von Menschen in diesem Bereich um ein Mehrfaches produktiver werden. Damit erschließt sich für die ökonomische Leistungskraft der DDR ein Potential, das in seiner Ausstrahlung noch kaum abzuschätzen ist. Die generelle Anwendung dieser Technik stellt die intensiv erweiterte Reproduktion in den Kombinaten und Betrieben auf eine neue, effektivere Grundlage.

Bewährt hat sich, die Rationalisierungsmittel in enger Verbindung mit dem technologischen Prozeß der Anwender zu entwickeln und diese Aufgabe nicht zu verselbständigen. Der eigene Rationalisierungsmittelbau wird quantitativ und qualitativ entschieden verstärkt. Generell wird die Mikroelektronik eingesetzt, damit Rationalisierungsmittel Teilstücke modernster Automatisierungstechnik bilden können. Der eigene Rationalisierungsmittelbau wird zu einer wesentlichen materiell-technischen Basis für die breite Anwendung der modernen Schlüsseltechnologien. Sein Anteil an den Investitionen wächst weiter. Er bildet den Ausgangspunkt für die intensiv erweiterte Reproduktion der Kombinate, die dort dafür ihr eigenes Potential einsetzen. Die sozialistische Rationalisierung wird künftig immer stärker den Handel, die Sparkassen, die Banken, die Versicherungen und andere Bereiche erfassen. Auch hier werden Personal- und Bürocomputer, wird die modernste Rechentechnik die materiell-technische Basis tiefgreifend verändern und große wirtschaftliche Effekte bringen.

Sechstens. Unsere ökonomische Strategie richtet sich auf eine hohe Effektivität der Arbeit. Viele Faktoren stehen dabei in enger Beziehung zueinander. Die Einsparung an Arbeitszeit muß mit der Senkung des Produktionsverbrauchs in allen Bestandteilen einhergehen. Die Grundfonds, dieses wertvolle Volksvermögen, sind ständig angewachsen, weshalb ihre bestmögliche Nutzung für die Effektivität von größter Bedeutung ist. Der Anteil der Schichtarbeit wird steigen, und entsprechend den jeweiligen Bedingungen soll sie in den Betrieben, landwirtschaftlichen Produktionsgenossenschaften und vielen wissenschaftlichen Einrichtungen zunehmend angewendet werden.

Neueste wissenschaftliche Erkenntnisse schneller zu verwerten, teure Forschungsmittel besser zu nutzen erfordert das auch in der Forschung, der Entwicklung und vor allem der Projektierung. Gerade um Werktätige für die Schichtarbeit zu gewinnen gilt es, die Schwedter Initiative noch nachhaltiger zu fördern.

Siebentens. Unsere ökonomische Strategie stellt bedeutend höhere Anforderungen an die Investitionstätigkeit. Der wesentliche Anteil der Investitionen dient der Modernisierung der Grundfonds, wobei vorhandene Baulichkeiten genutzt werden. Erst im Zusammenhang damit führen die Vorhaben der Spitzentechnik zur notwendigen Stärkung unserer materiell-technischen Basis. Der Anteil der Rationalisierungsinvestitionen wird weiter vergrößert. Konsequenter als bisher muß dieser Weg genutzt werden, um neueste Erzeugnisse in hohen Stückzahlen nach modernsten Verfahren zu produzieren.

Ein Anliegen von staatspolitischer Bedeutung ist es, die mit dem Plan beschlossenen Investitionsvorhaben zur Stärkung der materiell-technischen Basis der DDR exakt durchzuführen. Alle entsprechenden Kombinate und Betriebe, der Auftragnehmer, der Minister und die territorialen Staatsorgane haben zu gewährleisten, daß jedes bestätigte Objekt termingerecht in Betrieb geht. Zu diesem Zweck sind die entsprechenden Instrumentarien der Leitung, Planung und der wirtschaftlichen Rechnungsführung voll anzuwenden.

Achtens. Unsere ökonomische Strategie sieht eine noch stärkere Entwicklung der Konsumgüterproduktion vor. Konsumgüter, die dem Bedarf entsprechen, in hoher Qualität und ausreichender Menge zu erzeugen muß noch mehr zur Sache der ganzen Volkswirtschaft werden. Das ist eine wichtige Seite der Verantwortung der Kombinate. In jedem von ihnen sind leistungsstarke Kapazitäten dafür zu schaffen und auszubauen. Von den großen Kombinaten bis zu den Handwerksbetrieben, von den Chancen der modernen Technologien bis zu meisterlichen Erfahrungen und Traditionen, unser Land verfügt über ein reiches und vielgestaltiges Potential auf diesem Gebiet. Ideenreiche Formgestalter, versierte Modeschöpfer, vor allem aber geschickte Arbeiterinnen und Arbeiter sind in unseren Produktionsstätten tätig. So haben wir alles, um mehr neue, schöne und gebrauchstüchtige Erzeugnisse für die Bevölkerung und den Export zu fertigen.

Neuntens. Unsere ökonomische Strategie ist auf einen kontinuierlichen und dynamischen Leistungsanstieg zugeschnitten. Die gesellschaftspolitischen Ziele, die Verbesserung des materiellen und kulturellen Lebensniveaus der Menschen in unserem Lande erfordern ein starkes und beständiges Wirtschaftswachstum. Dieses Wachstum wird immer stärker von den Wechselbeziehungen der Wirtschaft zu den verschiedenen gesellschaftlichen Bereichen beeinflußt, wobei an erster Stelle die gegenseitige Durchdringung von Wissenschaft und Produktion zu nennen ist. Das sozialistische Bildungswesen und seine weitere Entwicklung üben großen Einfluß auf die Wirtschaft aus. Andererseits leiten sich aus dem Fortschritt der modernen Produktivkräfte Anforderungen an Bildung und Weiterbildung ab. In vielfältiger Weise zeigen sich diese Zusammenhänge auf zahlreichen Gebieten bis hin zur Freizeitgestaltung. Eine Wirtschaft, deren Kraft zunehmend auf der Fähigkeit der Menschen beruht, hochmoderne Technologien zu beherrschen, braucht zu ihrem Gedeihen ein schöpferisches Klima im gesamten gesellschaftlichen Leben.

Zehntens. Unsere ökonomische Strategie mit dem Blick auf das Jahr 2000 soll die intensiv erweiterte Reproduktion ständig vertiefen und auf dauerhafte Grundlagen stellen. Die Notwendigkeit dafür leitet sich aus den objektiven Entwicklungsgesetzen des Sozialismus ab. Zugleich ermöglicht es die sozialistische Planwirtschaft in unserer Deutschen Demokratischen Republik, die moderne Technik und vor allem die Schlüsseltechnologien in den Dienst dieser Aufgabe zu stellen. Unser Volk, das Herr seiner Betriebe und Forschungsstätten ist, läßt die Springquellen der Wissenschaft immer wirksamer für die wirtschaftliche Kraft, den gesellschaftlichen Reichtum und den sozialen Fortschritt unseres Landes fließen. Jedes Jahrfünft wird so eindrucksvoller bezeugen, daß nur der Sozialismus die gewaltigen Produktivkräfte unseres Jahrhunderts zum Wohle der Menschen zu nutzen vermag.

IV. Die Aufgaben der Wissenschaft und die weitere Entwicklung des geistig-kulturellen Lebens

Liebe Genossinnen und Genossen!

Die Wissenschaftler unseres Landes haben mit bedeutsamen Ergebnissen zum hohen Leistungsanstieg unserer Volkswirtschaft, zur Entwicklung moderner Produktivkräfte und zur Bereicherung des geistig-kulturellen Lebens beigetragen. Dabei erhöhten sich der Anteil und das Gewicht von Spitzenergebnissen der Akademie- und Hochschulforschung. Auch in der Grundlagen- und Erkenntnisforschung gab es Resultate, die dem langfristigen wissenschaftlichen Vorlauf dienen.

Im bevorstehenden Zeitabschnitt sind von der Grundlagenforschung Impulse zu erwarten, die zu Spitzenleistungen in Wissenschaft und Technik führen, unseren realen Bedingungen und Möglichkeiten Rechnung tragen, sich auf die Schwerpunkte der ökonomischen Strategie und des gesellschaftlichen Fortschritts richten. Dem entspricht die „Konzeption zur langfristigen Entwicklung der naturwissenschaftlichen, mathematischen und technischen Grundlagenforschung im Bereich der Akademie der Wissenschaften der DDR und des Ministeriums für Hoch- und Fachschulwesen für den Zeitraum 1986 bis 1990 und darüber hinaus bis zum Jahr 2000".

Wir können sagen, daß die Wissenschaft der Deutschen Demokratischen Republik mit der Zeit geht. Ihre Ziele leitet sie aus unseren gesellschaftlichen, insbesondere den ökonomischen Erfordernissen der Stärkung des Sozialismus ab. Sie nimmt aktiv teil am weltweiten Prozeß, die Grenzen der Erkenntnisse in Naturwissenschaft und Technik immer weiter hinauszuschieben. Noch zu keiner Zeit hatte unsere Wissenschaft solche Perspektiven und Möglichkeiten. Zugleich erwachsen ihr neue Aufgaben, die für jeden Wissenschaftler eine Herausforderung an das Niveau und das Tempo ihrer Lösung sind. An unseren Akademien, im Hochschulwesen und in den Kombinaten der Industrie sowie in anderen Bereichen gibt es ein nicht unbeträchtliches wissenschaftliches Potential. Es muß in qualitativ neuer Weise, mit wesentlich höheren Ergebnissen zum Tragen gebracht werden.

Wir sind uns dabei des Verständnisses der Wissenschaftler gewiß. Progressives, kühnes wissenschaftliches Denken, das sich an gesellschaftlichen Erfordernissen orientiert, ist für die Besten von ihnen bereits zur Norm geworden. Dieser Geist sollte sich überall durchsetzen. Dabei gewinnt die Gestaltung der Beziehungen zwischen Kombinaten und Einrichtungen der Akademie und des Hochschulwesens auf der Grundlage langfristiger, stabiler und verbindlicher Verträge nicht nur ökonomisches Gewicht, sondern hat auch weitgehende positive Rückwirkungen auf die Entwicklung der Wissenschaften selbst. Der Wissenschaft kommt die Verantwortung zu, in der fortwährenden Auseinandersetzung des Menschen mit der Natur das „belebende Feuer" zu sein.

Die mathematisch-naturwissenschaftliche und technische Grundlagenforschung ist auf solche Schwerpunkte zu konzentrieren wie die Informationsverarbeitung und -technik, eine hocheffektive Mensch-Maschine-Kommunikation sowie flexible und rechnergestützte Automatisierungslösungen. Wichtig ist der wissenschaftliche Vorlauf auf dem Gebiet der Mikro- und Optoelektronik für neue Verfahren und Technologien, einschließlich der Lichtleiter- und Lasertechnik. Höchste Aufmerksamkeit verdient die wissenschaftliche Arbeit für die Erkundung, Gewinnung und Verwertung einheimischer Rohstoffe, für die Entwicklung hochproduktiver Verfahren zu ihrer höheren Veredlung, insbesondere auf dem Gebiet der Karbochemie, sowie für die Herstellung von Werkstoffen auf der Basis einheimischer Rohstoffe. Auch in die Forschungsarbeit auf dem Gebiet der Biotechnologie, der Anwendung verschiedener biologischer Verfahren, einschließlich gentechnischer Methoden zur Gewinnung hochveredelter Produkte, setzen wir große

Erwartungen. Besondere Intensivierungseffekte erwachsen aus der Gestaltung geschlossener Stoffkreisläufe.

Ein zunehmender Teil des Forschungspotentials ist dafür einzusetzen, unsere Erkenntnisse über die Gesetzmäßigkeiten in Natur und Gesellschaft zu vertiefen, neue Wirkprinzipien und technologische Verfahren zu erkunden sowie neue Entwicklungstrends zu erkennen. Beim kühnen Vorstoß in wissenschaftliches Neuland, der immer mit einem gewissen Risiko verbunden ist, darf keinerlei Kurzsichtigkeit geduldet werden. Nicht sofort verwertbare Ergebnisse sind ein Potential, das an die Reaktionsfähigkeit und Flexibilität der Volkswirtschaft hohe Anforderungen stellt.

Die wissenschaftlich-technische Revolution mit den Vorzügen des Sozialismus zu verbinden erfordert vor allem auch die Zusammenarbeit der Natur- und Technikwissenschaften mit den Gesellschaftswissenschaften. Es muß die Erkenntnis vertieft werden, daß die naturwissenschaftlichen, technischen und technologischen Lösungen im Forschungsprozeß immer auch mit vielfältigen sozialen Erfordernissen und Wirkungen verknüpft sind. Deshalb sollten solche gesellschaftlichen Faktoren wie Arbeitsinhalte und -bedingungen, Bildung und Qualifikation, soziale Beziehungen, Persönlichkeitsentwicklung, Gesundheit, Umwelt, die internationale Position der DDR und anderes mehr bei allen Vorhaben der Grundlagenforschung ständig beachtet werden.

Jeder wissenschaftliche Erfolg ist bekanntlich zuerst das Ergebnis harter, qualifizierter Arbeit. Auch heute werden höchste Leistungen in Wissenschaft und Technik von Menschen getragen, die sich durch schöpferische Neugier, kritische Phantasie, außergewöhnlichen Fleiß und kooperative Arbeitsweise auszeichnen. Mehr denn je kommt es darauf an, überholte Gewohnheiten abzulegen, weniger aussichtsreiche Arbeitsrichtungen zu verlassen, alle Reserven zu nutzen und sich ständig an den neuen Erfordernissen zu messen. Dazu ist, vor allem bei den jungen Wissenschaftlern, die Fähigkeit mehr zu fördern, Trends künftiger Entwicklungen zu erkennen und die Erfolgsaussichten zu bestimmen.

Echte Spitzenleistungen erfordern Spitzenkräfte und können nur in einer geistigen Atmosphäre entstehen, die durch die Überzeugung vom politischen und ökonomischen Gewicht der eigenen Arbeit geprägt ist, durch Ehrlichkeit und Bescheidenheit, genaues Prüfen und

Beschreiten neuer Wege. Falsche Rücksichtnahme und Schönfärberei führen zum Mittelmaß, letztlich zu wissenschaftlichen und ökonomischen Verlusten. Überall brauchen wir eine Atmosphäre, die Kämpfer für den wissenschaftlich-technischen Fortschritt erzieht. Jeder Wissenschaftler hat die Pflicht, seine eigenen Leistungen konsequent am Weltstand zu messen.

Mit der Erfüllung des Zentralen Forschungsplanes der marxistisch-leninistischen Gesellschaftswissenschaften der DDR 1981 bis 1985 wurden wertvolle Beiträge zur theoretischen Arbeit und zur praktischen Politik unserer Partei geleistet. Jetzt sind unsere Gesellschaftswissenschaftler aufgefordert, die Forschungen zu Entwicklungstendenzen, Gesetzmäßigkeiten und Triebkräften des Sozialismus als einheitlichem sozialem Organismus noch umfassender und tiefgründiger zu betreiben. Im Zentrum stehen die Wechselbeziehungen von Politik, Ökonomie, Ideologie, Wissenschaft, Kultur und Landesverteidigung sowie die Analyse der inneren und äußeren Einflußfaktoren auf die Entwicklung wie die Geschichte des Sozialismus in der DDR. Das alles macht es notwendig, die interdisziplinäre, komplexe Arbeitsweise, einschließlich der Gemeinschaftsarbeit von Gesellschaftswissenschaften und Naturwissenschaften, technischen und medizinischen Wissenschaften, entschieden zu verstärken. Praxisbezogenheit und Praxiswirksamkeit sind ein entscheidender Maßstab für wissenschaftliche Qualität.

Eine vorrangige Aufgabe, insbesondere für die Politökonomen und Wirtschaftswissenschaftler, besteht in der weiteren Erforschung der Bedingungen zur Durchsetzung der ökonomischen Strategie unserer Partei, für die weitere Gestaltung der Leitung und Planung der Volkswirtschaft. Es sind Arbeiten vorzulegen, welche die Erfordernisse und Triebkräfte ökonomischen Wachstums durch die weitere Beschleunigung des wissenschaftlich-technischen Fortschritts und durch die Intensivierung der Volkswirtschaft erschließen. Große Beachtung sollte der Analyse, Begründung und Propagierung der Werte und Vorzüge des Sozialismus gewidmet werden.

Seit 1981 schlossen 348 700 Absolventen, darunter 85 800 Ingenieure, ihr Studium an den Universitäten, Hoch- und Fachschulen ab. In der Weiterbildung absolvierten 367 400 Hoch- und Fachschulkader, das sind 66 Prozent mehr als im vergangenen Fünfjahrplanzeitraum, postgraduale Studien, Lehrgänge und andere hochschultypische Veranstaltungen. Über 140 Studienpläne und fast 1200 Lehrprogramme wurden entsprechend den neuen Anforderungen überarbeitet und eingeführt. Der Übergang von der vier- zur fünfjährigen Ausbildung von Diplomlehrern für die Oberschulen ist erfolgreich vollzogen. Große Leistungen wurden bei der Ausbildung ausländischer Bürger, insbesondere aus Entwicklungsländern, vollbracht, deren Zahl, verglichen mit dem Zeitraum von 1976 bis 1980, auf 170 Prozent stieg.

Vorrangiges Anliegen der Universitäten, Hoch- und Fachschulen muß es sein, den notwendigen Bildungsvorlauf für die weitere Gestaltung der entwickelten sozialistischen Gesellschaft zu schaffen. Dementsprechend ist das Studium so zu vervollkommnen, daß die praxisverbundene Aneignung fundierter, fortgeschrittenster Grundlagen- und Spezialkenntnisse mit einer gründlichen politischen und weltanschaulichen Bildung einhergeht. Die selbständige wissenschaftliche Arbeit der Studenten als eine tragende Säule unserer Bildungskonzeption ist weiter zu fördern. Kernfrage bleibt die Erziehung zum sozialistischen Klassenstandpunkt.

Zur langfristigen Vervollkommnung der Hoch- und Fachschulbildung wurden mit der Konzeption zur Gestaltung der Aus- und Weiterbildung der Ingenieure und Ökonomen in der DDR grundlegende Orientierungen gegeben. Ihre schrittweise Verwirklichung berührt grundsätzliche Linien der perspektivischen Gestaltung unseres Hoch- und Fachschulwesens insgesamt. Vorgesehen ist die weitere Profilierung seiner Einrichtungen. So sind die Technischen Hochschulen in Karl-Marx-Stadt und Magdeburg zu Technischen Universitäten zu entwickeln. Es ist mit der Umwandlung von Ingenieurschulen in Technische Hochschulen zu beginnen. Dies muß mit der weiteren Ausgestaltung unseres wissenschaftlich-technischen Bildungspotentials einhergehen.

Liebe Genossinnen und Genossen!

Entsprechend dem Auftrag des X. Parteitages, die Jugend auf die anspruchsvollen Aufgaben vorzubereiten, die die Weiterführung der sozialistischen Revolution stellt, vollziehen sich weitreichende Prozesse der inhaltlichen Ausgestaltung unseres Bildungswesens. Aus der umfassenden Sicht auf die weitere Gestaltung der entwickelten sozialistischen Gesellschaft sind qualitativ neue, höhere Anforderungen an die Bildung und Erziehung der jungen Generation gestellt, ist die Aufgabe abgeleitet, die Anlagen und Fähigkeiten eines jeden Kindes optimal auszubilden. Die sozialistische Gesellschaft wird selbst um so reicher, je reicher sich die Individualität ihrer Mitglieder entfaltet, und sie schafft dafür mit ihrem Fortschreiten immer günstigere Bedingungen.

Wir haben immer wieder hervorgehoben, daß der Sozialismus alle schöpferischen Fähigkeiten und Begabungen braucht, daß er massenhaft allseitig gebildete, hochbefähigte, talentierte Persönlichkeiten benötigt und hervorbringt. Unser Bildungswesen, unsere Lehrer, Erzieher haben entsprechend den im Parteiprogramm gestellten Aufgaben für die kommunistische Erziehung wirksamen Einfluß darauf genommen, unsere Jugend zu befähigen, den ständig wachsenden Ansprüchen an qualifizierte Arbeit, an bewußtes politisches Engagement, an Wissen und Können, an politisch-moralische Haltung im eigenen und im gesellschaftlichen Interesse gerecht zu werden.

Das im Parteiprogramm formulierte Erziehungsziel, die „Erziehung und Ausbildung allseitig entwickelter Persönlichkeiten, die ihre Fähigkeiten und Begabungen zum Wohle der sozialistischen Gesellschaft entfalten, sich durch Arbeitsliebe und Verteidigungsbereitschaft, durch Gemeinschaftsgeist und das Streben nach hohen kommunistischen Idealen auszeichnen"[2], ist den Zehntausenden Pädagogen unseres Landes Ziel und Richtung für ihr tägliches unermüdliches Wirken bei der Erziehung unserer Jugend. Im Wissen darum, daß Bildungs- und Kulturniveau, Bereitschaft zu hoher Leistung und schöpferischer Arbeit, hohes sozialistisches Bewußtsein, eine klassenmäßige Haltung, sozialistische moralische Eigenschaften und Verhaltensweisen zunehmend an Bedeutung gewinnen, sowohl in der materiellen Produktion als auch in allen anderen Sphären des gesellschaftlichen Lebens, und daß sie nicht zuletzt die persönliche Lebenshaltung der Menschen bestimmen, bemühen sich unsere Lehrer und Erzieher um eine hohe Qualität der Bildungs- und Erziehungsarbeit.

Wir haben eine eng mit dem Leben verbundene zehnklassige allgemeinbildende polytechnische Oberschule geschaffen, in der Lernen und produktive Arbeit miteinander verbunden sind und die allen Kindern eine hohe Allgemeinbildung vermittelt. Sie verfügt mit dem auf breite Grundlagenbildung ausgerichteten obligatorischen Unterricht und dem die Allgemeinbildung vertiefenden und weiterführenden fakultativen Unterricht über die notwendige Flexibilität, um auf Anforderungen aus der dynamischen Entwicklung unserer Gesellschaft recht-

2 Programm der Sozialistischen Einheitspartei Deutschlands, Berlin 1985, S. 66/67.

zeitig zu reagieren, den Ansprüchen in der nachfolgenden Berufsausbildung bzw. im weiterführenden Bildungswesen gerecht zu werden. Dieser Vorzug unseres einheitlichen sozialistischen Bildungswesens ist stärker auszuprägen und zur Geltung zu bringen.

Ausgehend davon, daß die entscheidende Konsequenz aus der weiteren Gestaltung der entwickelten sozialistischen Gesellschaft darin besteht, die Jugend auf die Arbeit, auf das Leben in der sozialistischen Gesellschaft umfassend vorzubereiten, geht es auch künftig darum, unserer Schuljugend ein breites, solides und ausbaufähiges Fundament der Allgemeinbildung zu vermitteln, sie im Geiste unserer kommunistischen Weltanschauung und Moral zu erziehen, die Grundlagen für die allseitige Entwicklung der Persönlichkeit, für Disponibilität und schöpferische Leistungsfähigkeit sicher zu legen, die die künftigen Facharbeiter, Ingenieure und Wissenschaftler benötigen.

Seit dem X. Parteitag wurden neue Lehrpläne und Lehrbücher in den Schulen eingeführt. In umfassender Weise werden die Lehrer auf die Realisierung der sich daraus ergebenden höheren Anforderungen vorbereitet. Die sich damit vollziehende Profilierung von Inhalt und Niveau der Allgemeinbildung bewahrt alles Bewährte und ist zugleich an vorausschaubaren Perspektiven und Anforderungen orientiert. Bei der Ausarbeitung der Konsequenzen für Bildung und Erziehung aus der weiteren Gestaltung der entwickelten sozialistischen Gesellschaft, eingeschlossen die Ansprüche aus der wissenschaftlich-technischen Revolution, ist davon auszugehen, daß die Gesamtheit der Erfordernisse beachtet werden muß, wie sie sich aus der Entwicklung der Produktion, der Wissenschaft, der sozialistischen Demokratie, der Entfaltung des geistig-kulturellen Lebens ergeben.

Entscheidende Bedeutung gewinnt die Aufgabe, das grundlegende Wissen und Können fest und solide zu vermitteln, damit die Jugend beim weiteren Wissenserwerb darauf aufbauen kann, und die Fähigkeit der Schüler auszubilden, Wissen selbst zu erwerben und in der Praxis anzuwenden, ihr Bedürfnis zu entwickeln, selbständig weiterzulernen. In diesem Zusammenhang erlangen solche für die Erhöhung der Qualität der Arbeit in der Schule wesentlichen Fragen ein großes Gewicht, wie die geistige Aktivität der Schüler, elementare wissenschaftliche Denk- und Arbeitsweisen noch besser ausgebildet werden, wie die Jugend zur Liebe zur Wissenschaft erzogen, ihr Interesse an Technik und Produktion entwickelt wird.

Die Vorbereitung der Schuljugend auf die Meisterung der Anforderungen des wissenschaftlich-technischen Fortschritts ist eine Aufgabe, die durch die Bildungs- und Erziehungsarbeit in ihrer Gesamtheit geleistet werden muß. Die rasche Entwicklung in Wissenschaft, Technik und Produktion stellt höhere Anforderungen an die Beherrschung von grundlegenden Theorien und wissenschaftlichen Denk- und Arbeitsweisen, an die Verfügbarkeit der grundlegenden Kenntnisse über Gesetzmäßigkeiten auf dem Gebiet der Mathematik, Naturwissenschaften und Technik sowie der Gesellschaftswissenschaften, an die Fähigkeit zu selbständigem, schöpferischem Lernen und Arbeiten. So wurden bzw. werden die Lehrgänge für Mathematik, Physik, Chemie, Biologie und die polytechnischen Disziplinen so profiliert, daß die Schüler die Zusammenhänge von Wissenschaft, Technik, Produktion und Gesellschaft erkennen, grundlegende Entwicklungslinien des wissenschaftlich-technischen Fortschritts und der ökonomischen Strategie gründlicher verstehen. In die polytechnische Ausbildung der Schüler wurden aus der Sicht der Allgemeinbildung Inhalte aus der Elektronik, der Mikroelektronik, der Informationselektrik, der Automatisierung der Produktion neu aufgenommen. Damit soll der Schuljugend technisches, technologisches und ökonomisches Wissen und Können vermittelt werden, das zugleich eine Voraussetzung für die inhaltliche Weiterentwicklung der Berufsbildung darstellt.

Um bei den Schülern Grundlagen für ein elementares Verständnis der Informatik und informationsverarbeitenden Technik zu schaffen, sind vor allem die im mathematischen, naturwissenschaftlichen und polytechnischen Unterricht liegenden Möglichkeiten auszuschöpfen. Der Vorzug, daß unsere Schule eine polytechnische ist, bietet umfassende materielle und kadermäßige Möglichkeiten, die Schüler in den Betrieben, in den polytechnischen Zentren und in der Produktion, im Zusammenwirken mit der Berufsausbildung und mit wissenschaftlichen Einrichtungen an Probleme der Informatik, der Automatisierung, einschließlich der Arbeit mit Computern, heranzuführen.

Eine erstrangige Aufgabe ist und bleibt die weitere inhaltliche Profilierung des gesellschaftswissenschaftlichen Unterrichts. Aufbauend auf den schon erreichten Erkenntnissen und Erfahrungen bei der Arbeit mit neuen Lehrmaterialien, wie für den Staatsbürgerkundeunterricht, ist die Arbeit in diesen Fächern so weiterzuführen, daß gesellschaftstheoretische Kenntnisse konkreter und überzeugungswirksamer vermittelt werden und die Wirksamkeit dieses Unterrichts für die klassenmäßige Orientierung der Schüler, für ihre politisch-ideologische Erziehung erhöht wird.

Besondere Bedeutung kommt unter dieser Sicht dem Geschichtsunterricht zu, der mit dem Ziel inhaltlich weiter zu profilieren ist — und die Arbeiten dazu sind begonnen —, die Kenntnisse der Schüler über wesentliche historische Tatsachen und Abläufe sowie gesetzmäßige Zusammenhänge zu vertiefen und ein konkretes wissenschaftlich begründetes Geschichtsbild, besonders auch über die Geschichte der DDR, zu vermitteln, das von hoher Wirksamkeit für die Erziehung unserer Jugend ist und dazu beitragen soll, daß sie gegenwärtige und künftige gesellschaftliche Entwicklungen besser versteht. Es ist zu begrüßen, daß im Rahmen des fakultativen Unterrichts in der zehnklassigen Schule eine Einführung in die marxistisch-leninistische Philosophie vorbereitet wurde.

Die neuen Programme für den Literaturunterricht und die Arbeit in den anderen künstlerischen Fächern müssen die aktive Auseinandersetzung mit Werken der Literatur und Kunst noch besser für die Persönlichkeitsentwicklung der Schüler, ihre Erziehung zur kommunistischen Moral, für das Verständnis der sozialistischen Werte zur Wirkung bringen. Große Aufmerksamkeit schenken wir weiterhin der Qualifizierung unseres Muttersprach-Unterrichts und der weiteren Entwicklung des Fremdsprachen-Unterrichts, besonders der Erhöhung der Qualität des Russisch-Unterrichts.

Es ist eine wichtige Aufgabe unserer Schule und der Gesellschaft, die Jugend zu einer gesunden Lebensweise zu erziehen, ihre körperliche Leistungsfähigkeit zu entwickeln. Dazu ist die Wirksamkeit des Sportunterrichts und der außerunterrichtlichen sportlichen Betätigung weiter zu erhöhen.

Es ist von Bedeutung, daß auch in der zehnklassigen Schule weitere Schritte zur Entwicklung des fakultativen Unterrichts gegangen werden. Er bietet Möglichkeiten der Differenzierung, der Vertiefung und der Erweiterung der Allgemeinbildung über den obligatorischen Unterricht hinaus. Damit wird der gerade in dieser Altersstufe erforderlichen Ausprägung spezifischer Neigungen, Interessen, Begabungen und Talente entsprechend den gesellschaftlichen Erfordernissen besser Rechnung getragen.

Die Ausarbeitung neuer Lehrpläne und Schulbücher wird so fortgeführt, daß ein Gesamtlehrplanwerk für die zehnklassige allgemeinbildende polytechnische Oberschule neu ausgearbeitet bis 1990 vorliegt. Damit wird eine für eine längere Zeit gültige, ausbaufähige Allgemeinbildung auf hohem Niveau gewährleistet. Dieser Prozeß der inhaltlichen Weiterentwicklung der Allgemeinbildung ist mit einer großen Arbeit unserer Pädagogen verbunden, den Unterricht und die gesamte pädagogische Arbeit weiter zu qualifizieren.

Für die Persönlichkeitsentwicklung sind die gesellschaftlichen Bedingungen und Möglichkeiten für eine sinnvolle Freizeitgestaltung noch umfassender mit dem Ziel zu erschließen, bei den Schülern vielfältige Interessen zu wecken und zu befriedigen, ihnen Neues nahezubringen, die Liebe zur Wissenschaft, Kunst, Literatur und zum Sport zu entwickeln, Begabungen und Talente zu fördern.

Ausgehend davon, daß die sich heute und künftig vollziehenden Prozesse in unserer Gesellschaft höhere Ansprüche an die Verhaltensweisen der Menschen, ihre Aktivität, ihr Verantwortungsbewußtsein, ihre schöpferische Tätigkeit und Kollektivität, an solche Eigenschaften wie Disziplin, Pflichtbewußtsein, Zuverlässigkeit und Gemeinschaftssinn stellen, erfordern in der Erziehungsarbeit Fragen des Gesamtverhaltens der Jugend, ihrer Erziehung zur Hilfsbereitschaft, Kameradschaftlichkeit, Bescheidenheit, die Erziehung ihres Charakters, ihrer Gefühle unsere Aufmerksamkeit. Mit der Sicht auf gegenwärtige und künftige Kampfbedingungen gilt es, unsere Jugend klassenmäßig zu erziehen, die Liebe und den Stolz auf ihr sozialistisches Vaterland immer erneut auszuprägen und zu vertiefen, ihrer Erziehung zum proletarischen Internationalismus, zur unverbrüchlichen Freundschaft mit der Sowjetunion und zur aktiven Solidarität stets größtes Augenmerk zu schenken.

Im Zentrum der politisch-moralischen Erziehung steht zu Recht die Frage, wie die Schüler zu aktiven Menschen erzogen werden, deren Handeln und Verhalten von Verantwortungsbewußtsein für das gesellschaftliche Ganze und für sich selbst geprägt ist. Von unschätzbarem Wert für die Ausprägung einer Erziehung, die darauf gerichtet ist, daß der Jugend die Arbeit zum Nutzen der Gesellschaft zur Lebensgewohnheit wird, erweist sich, daß in unserem Lande in immer umfassenderer Weise die sozialistischen Betriebe in der Industrie, im Bauwesen und in der Landwirtschaft zu Bildungs- und Erziehungsstätten der Schüler geworden sind, in denen die Schüler selbst produktiv tätig werden und durch die Teilnahme am Kampf der Arbeiterklasse um hohe Produktionsergebnisse erleben, was von ehrlicher, gewissenhafter und aufopferungsvoller Arbeit abhängt.

Vieles in unserer Erziehungsarbeit hängt davon ab, wie alle, die mit der Jugend arbeiten, es verstehen, diese zu fordern, wie sie es verstehen, prinzipienfest und einfühlsam mit den Jugendlichen zu arbeiten. Es hat sich immer als richtig erwiesen, der Jugend Verantwortung zu übertragen, ihre politische Aktivität zu fordern und zu fördern, den Jugendlichen etwas zuzutrauen.

Ausgehend von den wachsenden Ansprüchen an die Vorbereitung künftiger Hochschulkader auf das Studium und die nachfolgende berufliche Tätigkeit, stellte der X. Parteitag die Aufgabe, die Qualität und Effektivität der Hochschulvorbereitung zu erhöhen. Inzwischen hat sich die Richtigkeit der seitdem eingeleiteten Maßnahmen zur Hochschulvorbereitung nach der 10. Klasse in der Praxis bestätigt. Wir konnten den Nachwuchs für alle grundlegenden Studienrichtungen sichern. Es ist jedoch erforderlich, die Qualität des Unterrichts in der Abiturstufe weiter zu erhöhen und die Studienberatung noch wirksamer zu gestalten.

Das weiterentwickelte Gesamtkonzept der schulischen Allgemeinbildung muß im kommenden Jahrzehnt, und dies in allen Schulen, in hoher Qualität realisiert werden. Das macht ein enges Zusammenwirken von pädagogischer Wissenschaft und Praxis erforderlich, wobei es darauf ankommt, die guten Erfahrungen, erfolgreiche Erziehungsmethoden und schöpferische Arbeitsweisen der Pädagogen genauer zu analysieren, theoretisch aufzuarbeiten und für die zielstrebige Erhöhung der Qualität der pädagogischen Arbeit aller Lehrer und Erzieher wirksamer zu verallgemeinern und zu verbreiten.

Zu einer Schlüsselfrage ist die Qualifizierung der Lehrer, ihre Ausbildung, ihre Weiterbildung, ihr ständiges Weiterlernen geworden. Die Weiterbildung der Lehrer muß auf einem hohen theoretischen Niveau und praxisverbunden mit zunehmender Qualität entwickelt werden unter Nutzung der Möglichkeiten der Hoch- und Fachschulen sowie anderer wissenschaftlicher Einrichtungen. Sie muß zur systematischen Vertiefung und Erneuerung des Wissens und Könnens der Lehrer und zur Erhöhung ihres Bildungs- und Kulturniveaus beitragen. Das stellt zugleich hohe Ansprüche an die eigene Bereitschaft, sich ständig weiterzubilden.

In unserer sozialistischen Gesellschaft sind durch Schule, Pionier- und Jugendorganisation sowie Betriebe und im vertrauensvollen Zusammenwirken mit den Eltern bereits Generationen junger Menschen erzogen worden, die in den Kämpfen unserer Zeit das revolutionäre Werk ihrer Mütter und Väter erfolgreich fortsetzen. Mit der weiteren Gestaltung der entwickelten sozialistischen Gesellschaft ergeben sich qualitativ neue gesellschaftliche Bedingungen für ein enges Zusammenwirken der Schule mit den Eltern und Betrieben, mit der Freien Deutschen Jugend und ihrer Pionierorganisation „Ernst Thälmann" und anderen gesellschaftlichen Erziehungskräften, die effektiv zu nutzen sind.

Unsere Kindergärtnerinnen stehen jetzt vor der großen Aufgabe, eine hohe Qualität der pädagogischen Arbeit in allen Kindergärten zu gewährleisten, daß die allseitige und gesunde Entwicklung der Kinder, die Entwicklung ihrer geistigen und sittlichen Kräfte, ihres Charakters und ihrer kollektiven Beziehungen, ihre gute Vorbereitung auf die Schule weitere Fortschritte machen.

Genossinnen und Genossen!

Das gewachsene Niveau der Oberschüler, ihre aktive, optimistische Haltung zu ihrer Zukunft, das Bedürfnis, zu lernen und zu arbeiten, haben auch zu weiteren Fortschritten bei der Berufswahl geführt. In den letzten Jahren konnten etwa 85 Prozent aller Schulabgänger mit der Erstbewerbung ihren Berufswunsch erfüllen. Die Eltern, viele Werktätige aus den Betrieben und Genossenschaften, die Lehrer und Berufsberater haben den jungen Menschen bei dieser für ihr eigenes Leben und die Gesellschaft so wichtigen Entscheidung mit gutem Rat zur Seite gestanden. Die Jugend zu befähigen, sich für neue Gebiete des wissenschaftlich-technischen Fortschritts und auch für traditionelle Berufe sachkundig entscheiden zu können, betrachten wir weiterhin als ein gesamtgesellschaftliches Anliegen.

Die sozialistische Berufsbildung hat entsprechend der Aufgabenstellung des X. Parteitages zur Heranbildung klassenbewußter sozialistischer Facharbeiter für alle Bereiche der Volkswirtschaft einen bedeutenden Beitrag geleistet. In enger Verbindung der Berufsbildung mit den Betrieben und Kombinaten, ausgerichtet auf die Erfordernisse von Wissenschaft und Technik, konnten über 1 Million Facharbeiter und 63 000 Meister qualifiziert ausgebildet werden.

Nunmehr verfügen über 85 Prozent aller Beschäftigten über eine abgeschlossene berufliche Ausbildung. Der Facharbeiterabschluß ist zur grundlegenden beruflichen Qualifikation der Arbeiterklasse, der Klasse der Genossenschaftsbauern und des Handwerks geworden. Der hohe Stand der Bildung und Weiterbildung der Arbeiter und Genossenschaftsbauern spiegelt sich nicht zuletzt in den großen Fortschritten unserer Volkswirtschaft wider. Sie sind ein wesentlicher Faktor für die hohen Ziele, die wir uns bei der Meisterung unserer ökonomischen Strategie gesetzt haben.

Diese Entwicklung wird zielstrebig fortgeführt. Bis 1990 soll der Anteil der Facharbeiter, Meister, Hoch- und Fachschulkader an den Beschäftigten auf rund 90 Prozent steigen. Auch künftig erhält jeder Jugendliche eine Lehrstelle, eine qualifizierte Berufsausbildung und einen gesicherten Arbeitsplatz. Unsere Jugend kennt keinen Ausbildungsnotstand, keine Entlassung nach abgeschlossener Lehre und keine Arbeitslosigkeit, im Gegenteil, ihr sind große Aufgaben auf dem Felde schöpferischer Arbeit gesetzt.

Die Lehrlinge danken unserer Partei für diese Politik mit wachsenden Leistungen beim Lernen und Arbeiten, insbesondere im sozialistischen Berufswettbewerb. Die produktiven Leistungen der Lehrlinge in Industrie und Bauwesen konnten auf über 5 Milliarden Mark jährlich gesteigert werden. 95 Prozent aller auslernenden Lehrlinge erreichen stabile Facharbeiterleistungen. Über die Hälfte der Lehrlinge schließen ihre Facharbeiterprüfung mit guten und besseren Leistungen ab. Dafür gebührt den Lehrern, Lehrmeistern und Erziehern sowie den über 100 000 Lehrfacharbeitern, unseren Wirtschaftsfunktionären und vielen Arbeitskollektiven große Anerkennung.

Im neuen Fünfjahrplan sind 918 000 Lehrlinge zu qualifizierten Facharbeitern heranzubilden. Die Ausbildung des Nachwuchses ist für alle Bereiche der Volkswirtschaft zu sichern. Der Facharbeiterberuf genießt in unserem Lande hohes Ansehen. Die Erziehung zur Liebe zum Beruf bleibt eine wichtige Aufgabe aller an der Berufsausbildung Beteiligten.

Durch ein hohes Niveau der Berufsausbildung in allen Kombinaten und Betrieben ist der Facharbeiternachwuchs so zu erziehen und auszubilden, daß er auf künftige Erfordernisse zur Meisterung von Wissenschaft und Technik gut vorbereitet ist, eine disziplinierte und schöpferische Arbeit im Beruf leistet und zu standhaften Kämpfern für den Sozialismus und für die Verteidigung seiner Errungenschaften erzogen wird. Dafür werden alle Vorzüge und Möglichkeiten der Kombinate und Betriebe voll genutzt. Die FDJ ist dabei ein unentbehrlicher Mitstreiter. Auch künftig sind den Lehrlingen vor allem im Rahmen der ökonomischen Initiative der FDJ frühzeitig anspruchsvolle Aufgaben zu übertragen. Die Lehrlinge von heute werden in den 90er Jahren und nach der Jahrtausendwende aktiv den Arbeits- und Produktionsprozeß mitbestimmen.

Um die künftigen Facharbeiter besser und weitsichtig auf diese Erfordernisse einzustellen, sind schrittweise ab 1986 für jeden Beruf neue Lehrpläne einzuführen. In diese Lehrpläne werden die inhaltlichen Konsequenzen insbesondere aus der Mikroelektronik, der Robotertechnik, der Automatisierung und Informationsverarbeitung aufgenommen. Die inhaltlichen Veränderungen in der theoretischen und praktischen Berufsausbildung werden in den Berufen begonnen, die für die wissenschaftlich-technische Revolution von besonderer Bedeutung sind. Ein neues Fach „Grundlagen der Automatisierung" wird für alle Lehrlinge mit Beginn des neuen Ausbildungsjahres eingeführt.

Mit den neuen Lehrplänen wird den höheren Anforderungen an Wissen, Können und Haltungen entsprochen. Die Erziehung zur bewußten und schöpferischen Arbeit, zu hoher Qualität und Sparsamkeit sowie zur Mehrschichtarbeit bedarf größerer Beachtung. Besonders begabte und talentierte Lehrlinge sind zu fördern und gezielt auf ihren Einsatz in den modernsten Produktionsabschnitten vorzubereiten bzw. zum Studium zu delegieren.

Die Lehrer und Lehrmeister sind im Vorlauf auf die neuen Lehrpläne gründlich vorzubereiten. Alle Betriebe haben eine ausbildungsgerechte Lehrproduktion und eine moderne Ausbildungsbasis bereitzustellen. Verstärkt sollen die Lehrlinge in Jugendbrigaden ausgebildet und eingesetzt werden.

In der Berufsausbildung ist eine höhere Qualität und Effektivität des gesamten Unterrichts zu erreichen. Bereits die Lehrlinge sind zu befähigen, an der modernen Rechentechnik und Informationsverarbeitung zu arbeiten und sie im Produktionsprozeß anwenden zu können sowie an der automatisierten Konstruktion und Produktionsvorbereitung mitzuwirken. Deshalb wird es notwendig, daß die Kombinate und Betriebe in den Berufsschulen schrittweise Computerkabinette einrichten. Bis 1990 sollten viele Berufsschulen damit ausgestattet sein. Diese Kabinette sind vielfältig zu nutzen, auch für die Weiterbildung der Werktätigen und für wissenschaftlich-technische Arbeitsgemeinschaften.

Liebe Genossinnen und Genossen!

Wir können feststellen, daß das geistig-kulturelle Leben reicher und vielgestaltiger geworden ist. Immer nachhaltiger bestimmen die Werte und Ideale des Sozialismus die kulturellen Leistungen auf den verschiedensten Gebieten. Das Engagement für den Frieden, die Liebe zur sozialistischen Heimat, der proletarische Internationalismus, insbesondere die Freundschaft zur Sowjetunion und die antiimperialistische Solidarität, finden im kulturellen und künstlerischen Angebot ihren Ausdruck und große Resonanz. Erfolgreich entwickelt sich die sozialistische deutsche Nationalkultur der DDR. Ihr fester Bestandteil ist auch die sorbische Kultur.

Im Mittelpunkt steht weiterhin die ständige Erhöhung des Kulturniveaus der Arbeiterklasse und ihrer Einflußnahme auf die Entwicklung sozialistischer Kultur und Kunst. Mit der Förderung eines interessanten geistig-kulturellen Lebens in den Arbeitskollektiven und mit anderen kulturellen Aktivitäten leisten die Gewerkschaften und die Freie Deutsche Jugend dazu einen bedeutenden Beitrag. Das dient sowohl der ständigen Vervollkommnung sozialistischer Arbeitskultur als auch der weltanschaulichen und fachlichen Bildung und der Freizeitgestaltung der Werktätigen.

Als Leistungsschau des geistig-kulturellen Lebens sind die Betriebsfestspiele die breiteste demokratische Basis für die Arbeiterfestspiele der DDR, die als Kulturfest der Gewerkschaften für Sozialismus und Frieden mobilisierende Wirkungen auf das Kulturleben unseres Landes ausüben. Größere Initiativen sind nötig, um das kulturelle Volksschaffen in ganzer Breite und Vielfalt zu entwickeln. Wir brauchen mehr interessante und vielseitige Möglichkeiten, spezifischen Interessen und Neigungen auf handwerklichem, technischem, wissenschaftlichem, gestalterischem und künstlerischem Gebiet nachgehen zu können, sowohl in organisierten Gemeinschaften als auch zeitweilig und individuell.

An der Entwicklung unserer sozialistischen Nationalkultur sind viele Kräfte beteiligt. Als Massenorganisation kulturell tätiger und interessierter Bürger konnte der Kulturbund der DDR seine gesellschaftliche Wirksamkeit wesentlich erhöhen. Mit der Tätigkeit der Ortsgruppen und der Klubs der Intelligenz, der Freundeskreise, Interessengemeinschaften und Gesellschaften wird er auch künftig das geistig-kulturelle Leben bereichern.

Erneut können wir feststellen, daß sich die Kontinuität der Kulturpolitik der SED seit dem VIII. Parteitag und die klare Orientierung des X. Parteitages bewährt haben. Unsere Partei achtet und schätzt die Künste als unersetzbaren Beitrag zur Persönlichkeitsentwicklung und zur gesellschaftlichen Verständigung über Hauptfragen des menschlichen Zusammenlebens im Sozialismus, über Sinn und Wert des Lebens in unserer Zeit. Dabei beachten wir stets ihre ästhetische Eigenart und Wirkungsweise.

Unser Leben verlangt eine sozialistisch-realistische Literatur und Kunst, die von Parteilichkeit, Volksverbundenheit und hohem sozialistischem Ideengehalt gekennzeichnet ist und den Werktätigen neue Anregungen für ihr Denken, Fühlen und Handeln vermittelt. In diesem Zusammenhang sei bekräftigt, daß Kunstwerke gebraucht werden, die den Sozialismus stärken, die Größe und Schönheit des oft unter Schwierigkeiten Erreichten bewußtmachen, Kunstwerke, in deren Mittelpunkt der aktive, geschichtsgestaltende Mensch steht, ohne dessen Tatkraft die neue Gesellschaft nicht möglich wäre.

Im Entdecken und Gestalten der großen Wandlungen im Leben unseres Volkes und des einzelnen, dessen, was erreicht wurde und noch zu tun bleibt, liegt ein großes Bewährungsfeld für alle Kulturschaffenden, welche die Kunst als Waffe im Kampf für den gesellschaftlichen Fortschritt verstehen. Hier bestehen große Möglichkeiten für Leistungen unserer Kunst, die weder durch die Wissenschaft noch durch die Publizistik ersetzt werden können. Dazu bedarf es freilich gerade in unserer kampferfüllten Zeit eines festen Standortes. Die Position eines Beobachters oder Kritikers unserer Gesellschaft kann dem nicht gerecht werden. Der Verantwortung eines sozialistischen Kunstschaffenden entspricht allein die Position des aktiven Mitkämpfers, des leidenschaftlichen Mitstreiters, der die Ideen des Friedens und des Sozialismus mit seinen Mitteln in die Massen trägt.

Entschiedener noch sollten alle künstlerischen Bemühungen zur weiteren Ausprägung des sozialistischen Realismus in der Weite und Vielfalt seiner Inhalte und Gestaltungsweisen unterstützt werden. Darin eingeschlossen ist die Ermutigung für künstlerische Entdeckungen im Alltag unserer sozialistischen Gesellschaft.

Es geht um das Gestalten jener sozialistischen Persönlichkeitsqualitäten, jener Verhaltens- und Denkweisen, jener Eigenschaften und Beziehungen, die den Werktätigen auszeichnen, am Arbeitsplatz und in der Gesamtheit seiner Lebensäußerungen. Unter diesem Aspekt kommt der Darstellung von Arbeiterpersönlichkeiten vorrangige Bedeutung zu. Zugleich schließt die künstlerische Aneignung sozialistischer Wirklichkeit auch die kritische Wertung von Verhaltens- und Handlungsweisen ein, die den Fortschritt des Sozialismus hemmen.

Unsere Partei ist für eine schöpferische Atmosphäre der Kunstentwicklung, die durch hohe ideologische, moralische und ethische Ansprüche, durch prinzipienfestes und zugleich vertrauensvolles Verhalten gegenüber Schriftstellern und Künstlern charakterisiert wird. Offenheit und Kameradschaftlichkeit in dem auf Sachkunde beruhenden, nicht selten auch kritischen Gespräch hat sich als eine der wichtigsten Voraussetzungen erwiesen, um das Vertrauensverhältnis zwischen den Künstlern und unserer Partei zu festigen.

Ebenso ist es von Belang, die Verständigung über Kunst in der sozialistischen Öffentlichkeit, das Gespräch zwischen den Künstlern und ihrem Publikum, nicht zuletzt auch in den Massenmedien, zu fördern. Kunstkritik und Kunsttheorie sind weiter zu qualifizieren, damit sie ihrer Funktion im öffentlichen Dialog, vor allem durch die deutlichere Kennzeichnung von Gelungenem und Mißlungenem, durch das Eingehen auf die künstlerische Wirkung im Einklang mit der weltanschaulichen Problematik, besser gerecht werden können.

Große Bedeutung messen wir auch weiterhin der Pflege, Bewahrung und Verbreitung des humanistischen Kulturerbes bei. Zu verstärken ist die Erschließung des antifaschistischen und sozialistischen Kulturerbes und der kulturellen Traditionen, die mit dem Werden und Wachsen unseres Arbeiter-und-Bauern-Staates verbunden sind. Sozialistische Erbeaneignung leistet einen wichtigen Beitrag zur Entwicklung allseitig gebildeter Persönlichkeiten und ihrer Lebensweise.

Im Gesundheitswesen kommt es darauf an, den internationalen wissenschaftlichen und technischen Erkenntnisfortschritt auf dem Gebiet der Medizin als Maßstab zu nehmen und so die Qualität und Effektivität der Arbeit ständig weiter zu erhöhen. Erforderlich ist, das medizinische Forschungspotential personell und materiell-technisch zu stärken, mehr wissenschaftliche Spitzenleistungen zu erbringen und sie in enger Gemeinschaftsarbeit mit den Kombinaten der medizintechnischen und pharmazeutischen Industrie wesentlich rascher in die Praxis zu überführen.

Von der Entwicklung des wissenschaftlichen Lebens in jeder Gesundheitseinrichtung, vom Wissen und Können, von einer hohen ethischen Haltung der Ärzte und Schwestern, von ihrer einfühlsamen Zuwendung zum Patienten hängt es ab, in welchem Maße die Errungenschaften der medizinischen Wissenschaft den Bürgern tatsächlich zugute kommen. Weitere Potenzen liegen im besseren Zusammenwirken der Gesundheitseinrichtungen und in ihrer einheitlichen Anleitung bei der Erfüllung der medizinischen Aufgaben, ungeachtet unterschiedlicher staatlicher Unterstellung.

Mit Vorrang wird auch weiterhin die medizinische Grundbetreuung, insbesondere die hausärztliche Tätigkeit, entwickelt. Die Aufgabe muß gelöst werden, vor allem die hausärztliche Betreuung in den Großstädten und industriellen Ballungsgebieten zu verstärken. Die Schnelle Medizinische Hilfe wird bis 1990 auf alle Kreise der DDR ausgedehnt. Auch die gezielte Einführung und breitere Anwendung moderner spezialisierter und hochspezialisierter Verfahren der Diagnostik und Therapie muß stets die gebührende Aufmerksamkeit erfahren.

All das erfordert die Gewährleistung einer stabilen qualitäts- und sortimentsgerechten Versorgung mit Arzneimitteln, Instrumenten und Verbrauchsmaterialien, die in der Medizin benötigt werden. Das gilt besonders für die Ausstattung mit leistungsfähiger Medizintechnik.

Ein wichtiges Ziel der Gesundheitspolitik unserer Partei in den kommenden Jahren besteht darin, den vorbeugenden Gesundheitsschutz auszugestalten. Dabei liegt uns auch weiterhin die Fürsorge für die gesundheitliche Betreuung der Mütter und Kinder sowie ein hohes Niveau des Gesundheitsschutzes der Werktätigen in den Betrieben besonders am Herzen. Die Fürsorge gegenüber den Veteranen der Arbeit, den älteren und geschädigten Bürgern ist und bleibt eine besonders hohe humanistische Verpflichtung der sozialistischen Gesellschaft.

Im Zusammenhang mit all diesen Aufgaben gewinnt auch die Arbeit des DRK der DDR, seiner Mitglieder in Betrieben, Genossenschaften, Schulen und Wohngebieten weiter an Bedeutung.

Der Massensport hat weiter an Ausstrahlung zugenommen, Körperkultur und Sport haben dazu beigetragen, das Wohlbefinden und die Gesundheit der Menschen zu stärken und ihr Leben aktiver zu gestalten. Mit großer Anerkennung stellen wir fest, daß sich die Sportlerinnen und Sportler der DDR den Herausforderungen der internationalen Entwicklung in zahlreichen Sportarten gewachsen zeigten. Sie verteidigten ihren hervorragenden Ruf in der Welt als faire Wettkämpfer und überzeugte Streiter für die olympischen Ideale. Insgesamt errangen sie seit dem X. Parteitag bei Olympischen Spielen, bei Welt- und Europameisterschaften sowie bei Welt- und Europacup-Wettkämpfen 911 Medaillen, davon allein 355 in Gold.

Der DTSB der DDR wird mit seinen Sportverbänden, Gemeinschaften und Sportgruppen seiner Rolle als Initiator und Organisator des Sports ständig besser gerecht. Das wachsende Interesse der Werktätigen an eigener sportlicher Betätigung und die zunehmenden Ansprüche unserer Gesellschaft an ihre Leistungsfähigkeit stellen die Aufgabe, den Sport als Lebensbedürfnis für immer mehr Bürger und besonders für die Jugend zu entwickeln. Noch umfassender ist dabei den differenzierten Neigungen Rechnung zu tragen und mit lebensnahen Methoden die Freude an der eigenen körperlichen Ertüchtigung zu wecken, ganz gleich, ob man einer Sportgemeinschaft angehört oder nicht.

Gemeinsam mit dem Ministerium für Volksbildung, der FDJ und der Pionierorganisation „Ernst Thälmann" kommt es für den DTSB der DDR darauf an, die heranwachsende Generation auf vielfältige Weise für ein regelmäßiges Sporttreiben zu gewinnen. Wir sind fest davon überzeugt, das VIII. Turn- und Sportfest der DDR sowie die XI. Kinder- und Jugendspartakiade 1987 werden zeigen, daß unsere sozialistische Sportorganisation den steigenden Anforderungen gerecht wird.

Vor unseren Leistungssportlern steht die nicht leichte Aufgabe, ihr hohes Leistungsniveau in vielen Sportarten auch künftig zu behaupten und auszubauen sowie auf weiteren Gebieten Spitzenleistungen anzustreben. Das erfordert angesichts der schnell wachsenden Ansprüche im internationalen Sport eine noch effektivere Arbeit und Kooperation der Sportverbände, Trainingszentren, Kinder- und Jugendsportschulen und Sportklubs sowie ein vertrauensvolles Miteinander von Trainern, Übungsleitern, Sportfunktionären und Sportlern.

V. Der sozialistische Staat und die Hauptrichtungen seiner Entwicklung

Liebe Genossinnen und Genossen!

Unser Staat der Arbeiter und Bauern hat sich weiter entwickelt, die sozialistische Staatsmacht hat ihre Autorität kontinuierlich erhöht. Hauptrichtung, in der sie sich entwickelt, ist die weitere Entfaltung und Vervollkommnung der sozialistischen Demokratie. Heute übt nahezu jeder dritte Bürger eine ehrenamtliche staatliche oder gesellschaftliche Funktion aus. Die immer umfassendere Einbeziehung aller Bürger in die Lösung öffentlicher Angelegenheiten gehört zu den bedeutendsten demokratischen Traditionen unseres Staates.

Seit dem X. Parteitag wurden bekanntlich entscheidende Gesetze zur Gestaltung der entwickelten sozialistischen Gesellschaft in der DDR verabschiedet. Wir verfügen jetzt über ein umfassendes Gesetzeswerk, das allen Bürgern die gleichen Rechte und Freiheiten garantiert, die Würde des Menschen schützt und sein Handeln im Sinne des sozialen Fortschritts fördert.

Für den Ministerrat und seine Organe geht es vor allem darum, die komplexe Leitung volkswirtschaftlich entscheidender Prozesse zu vervollkommnen, die Langfristigkeit in seiner Arbeit zu erhöhen, eine noch wirksamere Kontrolle der beschlossenen Aufgaben zu organisieren und die Erfahrungen der Besten zum Allgemeingut aller zu machen. Die Anforderungen an die Koordinierungsfunktion des Ministerrates nehmen zu. Jetzt ist es erforderlich, das Gesetz über den Ministerrat entsprechend den Veränderungen, die sich in unserem Lande in den 70er und 80er Jahren vollzogen haben, zu überarbeiten.

Unter unseren Bedingungen ist Kommunalpolitik im besten Sinne des Wortes Politik für und mit der Gemeinschaft. Jeder Bürger kann unmittelbar auf die Entscheidungen von örtlichem Belang Einfluß nehmen. Das Gesetz über die örtlichen Volksvertretungen zielt darauf, unter breiter Einbeziehung der Werktätigen, durch die Gemeinschaftsarbeit von Volksvertretungen, Betrieben und Einrichtungen die Möglichkeiten der Territorien für Leistungswachstum und Bürgerwohl noch intensiver zu nutzen.

Um die sozialistische Demokratie weiter zu entfalten, ist das Miteinander der örtlichen Staatsorgane, der Bürger und ihrer Volksvertretungen von großem Gewicht. Viel hängt dafür von der Arbeit der Bürgermeister ab. Regelmäßige, rechtzeitige und konkrete Information der Bürger über jene Fragen, die ihre örtliche Lebenssphäre betreffen, beteiligt sie frühzeitig an Entscheidungen und Lösungswegen. Auch in Zukunft bleibt es ein Grundsatz unseres Handelns, in Ordnung zu bringen, was noch nicht in Ordnung ist. Dabei rechnen wir weiterhin mit dem engagierten Wirken der über 250 000 Volkskontrolleure der Arbeiter-und-Bauern-Inspektion.

Die Rechte der Bürger, ihre Vorschläge und kritischen Hinweise zu beachten und ihre berechtigten Interessen zu wahren ist verpflichtendes Gebot für jeden, der in unserem Staat Verantwortung trägt. Mit aller Deutlichkeit sei daher gesagt, wer sich gegenüber den Anliegen der Menschen gleichgültig verhält, handelt politisch verantwortungslos. Manche Eingabe an die zentralen Partei- und Staatsorgane wäre bei sorgfältiger Prüfung und verantwortungsbewußter Klärung an Ort und Stelle schnell und unbürokratisch bereits auf örtlicher Ebene zu regeln gewesen. Enge Verbundenheit mit den Werktätigen, Aufrichtigkeit, Konsequenz und Gerechtigkeit im Umgang mit den Menschen, eine wissenschaftliche Arbeitsweise, strikte Beachtung der Gesetze und hohe Staatsdisziplin sollten heute überall zum Berufsethos eines Funktionärs unseres Arbeiter-und-Bauern-Staates gehören.

Einen anerkannten Beitrag zur Festigung der sozialistischen Gesetzlichkeit leisten die Justizorgane. Mit der verantwortungsbewußten Handhabung von Recht und Gesetz nach dem Grundsatz, daß alle Bürger vor dem Gesetz gleich sind, wird die Gewißheit der Bürger gestärkt, daß die Rechtssicherheit in unserem Staat ein Wesensmerkmal des Sozialismus ist.

Genossinnen und Genossen!

Unsere Partei hat stets den Gewerkschaften eine große Aufmerksamkeit gewidmet. Mit seinen fast 9,5 Millionen Mitgliedern ist der Freie Deutsche Gewerkschaftsbund zur umfassendsten Klassen- und Massenorganisation der Arbeiterklasse geworden. Besondere Bedeutung kommt dabei den mehr als 2,5 Millionen Vertrauensleuten zu, die mit großen Rechten und Pflichten ausgestattet sind und eine außerordentlich erfolgreiche Arbeit leisten.

Entsprechend den Erfahrungen vergangener Jahre haben wir uns dafür entschieden, die weitere Entwicklung der sozialistischen Demokratie in den Betrieben bis hin zum Arbeitskollektiv vor allem über den Ausbau der Rechte und der Verantwortung der Gewerkschaften zu vollziehen. Deshalb verdienen die Plandiskussion, die Arbeit mit dem Betriebskollektivvertrag, die Tätigkeit der Vertrauensleute und ihre Vollversammlungen große Aufmerksamkeit.

Die Rolle der Gewerkschaften als Schulen des Sozialismus, als Motoren des sozialistischen Wettbewerbs und Interessenvertreter der Werktätigen wird sich ständig erhöhen. Verbunden mit dem Einzug der modernsten Technik in die Produktion, sind die Gewerkschaften bestrebt, neue Wege in der schöpferischen Anwendung der Leninschen Wettbewerbsprinzipien zu beschreiten. Dadurch soll die Kraft des sozialistischen Wettbewerbs für das Wachstum der Produktivität, die Verallgemeinerung der Erfahrungen der Besten und die Herausbildung sozialistischer Denk- und Verhaltensweisen voll wirksam werden. In besonderem Maße sind die Gewerkschaften herausgefordert, ihren ganzen Einfluß geltend zu machen, damit der Einsatz der Schlüsseltechnologien überall ohne Ausnahme, klug und umfassend zur weiteren Verbesserung der Arbeits- und Lebensbedingungen genutzt wird. Die Gewerkschaften haben jede Unterstützung, wenn sie energisch dafür eintreten, daß die umfassende Intensivierung mit der Entwicklung der sozialistischen Arbeitskultur, der Bildung, des Urlaubs und der Freizeitgestaltung in ihrer ganzen Breite und Vielfalt einhergeht.

Die von unserer Partei beharrlich verfolgte Linie, alles zu tun, damit die Frauen von ihren gleichen Rechten auch in vollem Umfang Gebrauch machen können, hat erfreuliche Ergebnisse gezeigt. Das wird an den großen fortschrittlichen Veränderungen deutlich, die sich in der gesellschaftlichen Stellung der Frau vollzogen haben und die an allen maßgeblichen Positionen nachzuweisen sind. So erhöhte sich die Zahl der Frauen und Mädchen, die berufstätig sind, lernen und studieren, auf 4,9 Millionen. Dies sind 91,3 Prozent der arbeitsfähigen weiblichen Bevölkerung unseres Landes. Bereits 81,5 Prozent aller berufstätigen Frauen verfügen über eine abgeschlossene Berufsausbildung. Besonders freut uns, daß 40 Prozent aller Teilnehmer an Weiterbildungsmaßnahmen zur Beherrschung neuer wissenschaftlich-technischer Anforderungen Frauen sind. Ihr Anteil an verantwortlichen Funktionen in Staat und Wirtschaft stieg auf über 34 Prozent.

Dank der aktiven Mitwirkung aller gesellschaftlichen Kräfte, insbesondere der Gewerkschaften, des Demokratischen Frauenbundes Deutschlands, der Freien Deutschen Jugend, der staats- und wirtschaftsleitenden Organe, wurden Voraussetzungen geschaffen, damit die Frauen berufliches und gesellschaftliches Engagement mit ihren Verpflichtungen als Mütter besser vereinbaren können und das Leben der Familien erleichtert wird. Als Staatsbürgerinnen, Werktätige und Mütter leisten die Frauen einen beruflichen und gesellschaftlichen Beitrag, der hoch anzuerkennen ist. Zugleich können die Frauen überzeugt sein, daß unsere Partei sich weiterhin für ihre spezifischen Belange einsetzen wird, für die Förderung ihrer Fähigkeiten und ihres Mutes, Neues zu wagen.

Genossinnen und Genossen!

Interessenvertretung des ganzen Volkes durch die Arbeiterklasse und ihre Partei schließt bei uns die unverwechselbaren eigenen Beiträge unserer Bündnispartner in den verschiedensten gesellschaftlichen Lebensbereichen ein. Die Beziehungen zwischen der Arbeiterklasse und allen anderen Klassen und Schichten haben sich vertieft, die politisch-moralische Einheit des Volkes hat sich weiter gefestigt. Jeden Bürger, unabhängig von seiner sozialen Herkunft, seiner Weltanschauung und seinem religiösen Bekenntnis, in die Lösung der gesellschaftlichen Belange einzubeziehen wird auch künftig unser Handeln bestimmen.

Als eine stabile Säule unserer Bündnispolitik erweist sich die gereifte, von wachsendem Vertrauen getragene Zusammenarbeit der Parteien und Massenorganisationen im Demokratischen Block, in der

Nationalen Front der DDR, in den Volksvertretungen, überall, wo gesellschaftliche Aufgaben zu lösen sind. Auf bewährte Weise vereinen dabei Kommunisten, Mitglieder der mit uns befreundeten Parteien und Parteilose ihre schöpferischen Kräfte und sind enger einander verbunden denn je.

Dem politischen Wirken der befreundeten Parteien zur Wahrnehmung gesellschaftlicher Mitverantwortung gilt unsere hohe Wertschätzung. Im Staatsrat und in der Regierung arbeiten wir gut zusammen. Mit der Demokratischen Bauernpartei Deutschlands, der Christlich-Demokratischen Union Deutschlands, der Liberal-Demokratischen Partei Deutschlands, der National-Demokratischen Partei Deutschlands wissen wir Kampfgefährten an unserer Seite, die wie wir nur ein Ziel kennen, für das Wohl und die Interessen des ganzen Volkes tätig zu sein. Es ist uns ein Bedürfnis, unseren Mitstreitern aus den befreundeten Parteien für die in Vorbereitung unseres Parteitages übergebenen Überlegungen, Erfahrungen und Vorschläge herzlich zu danken.

Unser Zusammenwirken hat eine weite Perspektive. Für die Wahrnehmung ihrer Mitverantwortung ergeben sich für die Angehörigen der befreundeten Parteien aus der Realisierung unserer Wirtschafts- und Sozialpolitik, insbesondere des Wohnungsbauprogramms, der Aufgaben im Handel, bei Reparaturen und Dienstleistungen sowie in anderen Bereichen große Möglichkeiten.

Über 388 000 Bürger, Mitglieder aller Parteien und Parteilose, wirken heute in den 19 100 Ausschüssen der Nationalen Front eng mit den Volksvertretungen und ihren Abgeordneten, mit Betrieben, Genossenschaften und anderen Einrichtungen, mit Handwerkern und Gewerbetreibenden, mit kirchlichen Amtsträgern und christlichen Kreisen zusammen. Wichtigstes Anliegen der Ausschüsse ist es, mit den Bürgern das vertrauensvolle politische Gespräch zu führen, sie über kommunale Angelegenheiten zu informieren, dazu ihre Vorschläge, Anregungen und Kritiken aufzugreifen. Vor allem sind sie bestrebt, deren Bereitschaft zur schöpferischen demokratischen Mitarbeit in nützliche Taten für die weitere Verbesserung der Arbeits- und Lebensbedingungen, für die Verschönerung der Städte und Dörfer umzusetzen und das Interesse an einem niveauvollen geistig-kulturellen Leben und an sportlicher Betätigung zu fördern.

In diesem Sinne entwickelt sich die traditionelle Bürgerinitiative „Schöner unsere Städte und Gemeinden – Mach mit!". Es wurden Leistungen von mehreren Milliarden Mark erbracht. So wurden 657 880 Wohnungen älterer Bürger renoviert und über 700 960 Räume in Einrichtungen der Volksbildung, des Gesundheits- und Sozialwesens, des Handels und der Kultur neugestaltet. Erfreuliche Ergebnisse des Bürgerfleißes sind auch an den Veränderungen im Antlitz unserer Städte und Dörfer, an farbenfrohen Häuserfassaden, gepflegten Vorgärten und Grünanlagen, sauberen Straßen und Plätzen, Millionen neugepflanzten Bäumen und Sträuchern und vielen begrünten Höfen in den Wohnvierteln abzulesen. Mit der Sammlung von 1,3 Millionen Tonnen Altpapier, 310 000 Tonnen Alttextilien, 2 Millionen Tonnen Altmetall sowie vielen anderen Sekundärrohstoffen aus den Haushalten wurde ein wichtiger Beitrag geleistet, der volkswirtschaftlich zu Buche schlägt.

Schon der nächste politische Höhepunkt im gesellschaftlichen Leben unseres Landes, die Wahlen zur Volkskammer der DDR, zur Stadtverordnetenversammlung von Berlin und zu den Bezirkstagen am 8. Juni 1986, wird eine neue Bewährungsprobe für alle der in der Nationalen Front der DDR vereinten Kräfte sein. Ausgerüstet mit den Beschlüssen des XI. Parteitages der SED, werden wir sie zu einer überzeugenden Manifestation des Vertrauens zwischen Partei, Staat und Volk gestalten.

Liebe Genossinnen und Genossen!

Mit der Kraft des ganzen Volkes gelang es, die Verteidigungsfähigkeit unserer Republik zu stärken. Als Mitglied der sozialistischen Militärkoalition erfüllt die Deutsche Demokratische Republik in Ehren ihre Bündnisverpflichtungen. An der Seite ihrer Waffenbrüder aus der Sowjetunion und den anderen sozialistischen Bruderländern bewies die Nationale Volksarmee bei Übungen und Manövern ihre Fähigkeit, im Bestand der Vereinten Streitkräfte unter komplizierten Bedingungen erfolgreich zu handeln.

Unsere Partei hat ein zuverlässiges System der Verteidigung und Sicherung des sozialistischen Vaterlandes geschaffen und gestaltet es entsprechend den Erfordernissen der Zeit. In unserem Lande ist die Verteidigungsbereitschaft, die bewußte Wahrnehmung des verfassungsmäßigen Rechtes und der Ehrenpflicht zum Schutz des Friedens und des sozialistischen Vaterlandes zur Selbstverständlichkeit geworden. Sie schließt zunehmende freiwillige Leistungen zur Stärkung der Verteidigungskraft ein.

Die Nationale Volksarmee, die Grenztruppen der DDR, das Ministerium für Staatssicherheit, die Deutsche Volkspolizei und die anderen Organe des Ministeriums des Innern, die Kampfgruppen der Arbeiterklasse und die Angehörigen der Zivilverteidigung erfüllen standhaft ihren Klassenauftrag, die sozialistische Ordnung und das friedliche Leben der Bürger gegen jeden Feind zu schützen. Es bleibt ihr Auftrag, die Souveränität, die territoriale Integrität, die Unverletzlichkeit der Grenzen und die Sicherheit der DDR zu gewährleisten. In fester Waffenbrüderschaft mit der ruhmreichen Sowjetarmee und den anderen Armeen der Staaten des Warschauer Vertrages, im engen Zusammenwirken mit den verbündeten Schutz- und Sicherheitsorganen stehen sie auf Wacht für den Frieden und für den kollektiven militärischen Schutz der sozialistischen Länder.

Es ist der Sinn des Soldatseins im Sozialismus, den Frieden zu erhalten, zu verhindern, daß die Waffen sprechen. Kampfkraft und Gefechtsbereitschaft der Armeen der sozialistischen Gemeinschaft sind eine entscheidende Garantie, daß militärische Überlegenheit des Imperialismus nicht zugelassen wird und eine Aggression zum tödlichen Risiko für ihre Urheber würde. Wehrdienst im Sozialismus ist Friedensdienst. Die Waffenträger der DDR sind Mitgestalter der auf den Frieden und das Wohl des Volkes gerichteten Politik der SED.

Die zunehmende Aggressionsbereitschaft der NATO-Streitkräfte sowie die sich in hohem Tempo vollziehenden qualitativen Veränderungen im Militärwesen stellen die Angehörigen der Nationalen Volksarmee und der Grenztruppen der DDR vor die Aufgabe, ihre Kampfkraft und Gefechtsbereitschaft zu vervollkommnen. Auch künftig müssen sie unter allen Bedingungen in der Lage sein, ihren Klassenauftrag zu erfüllen. Alle Möglichkeiten der Erziehung und der Gefechtsausbildung sind auszuschöpfen, um die politische Standhaftigkeit und die militärische Meisterschaft weiter zu festigen. Technik und Bewaffnung müssen in kürzester Zeit so beherrscht werden, daß ihre Gefechtsmöglichkeiten voll zur Wirkung kommen können.

Heute stellt der militärische Schutz des Sozialismus höhere Anforderungen an die politische, ideologische und physische Vorbereitung der Jugend auf den Wehrdienst, an die Sicherung des militärischen Berufsnachwuchses und an die Wehrfähigkeit der Reservisten. Alle vor dem Wehrdienst stehenden Jugendlichen und Reservisten sollten sich aktiv an der vormilitärischen Ausbildung und am Wehrsport beteiligen.

In bewährter Weise fördert die Gesellschaft für Sport und Technik als sozialistische Wehrorganisation der DDR die Wehrbereitschaft der Bürger.

Die Kampfgruppen der Arbeiterklasse erreichten im Wettbewerb zum XI. Parteitag die bisher besten Ergebnisse ihrer Ausbildung. Der freiwillige Dienst der Kämpfer stärkt die Verteidigungskraft der DDR und verdient hohe gesellschaftliche Anerkennung. Unverzichtbar ist der Einsatz der Angehörigen und freiwilligen Mitarbeiter der Zivilverteidigung beim Schutz der Bevölkerung und der Volkswirtschaft.

Das Ministerium für Staatssicherheit trägt durch sein entschlossenes und vorbeugendes Handeln dazu bei, die Macht der Arbeiter und Bauern zuverlässig zu schützen. Entscheidende Aufgabe ist es, Überraschungen durch den Gegner auszuschließen und seine subversiven Angriffe gegen die verfassungsmäßigen Grundlagen unseres Staates zu durchkreuzen. In enger Zusammenarbeit mit den Werktätigen erfüllt das sozialistische Staatssicherheitsorgan seine revolutionäre Pflicht.

Die Deutsche Volkspolizei und die anderen Organe des Ministeriums des Innern haben jederzeit die öffentliche Ordnung und Sicherheit garantiert. Gemeinsam mit den Bürgern treten sie dafür ein, Recht und Gesetz überall durchzusetzen. Der Schutz des gesellschaftlichen Eigentums und der schöpferischen Arbeit der Menschen, der Würde und der Freiheit, des Lebens und der Gesundheit, der Rechte und des persönlichen Eigentums der Bürger ist verpflichtender Auftrag der Polizei des Volkes. Mit Freude stellen wir auch die wachsende Bereitschaft der Werktätigen fest, an der Festigung der Ordnung, Sicherheit und Gesetzlichkeit mitzuwirken. Das beweisen über eine Million Bürger, die als Freiwillige Helfer der Volkspolizei und der Grenztruppen, als Angehörige der freiwilligen Feuerwehr und der Ordnungsgruppen der FDJ tätig sind.

Die Zollverwaltung der DDR erfüllt bedeutsame Aufgaben zur Durchsetzung des Außenhandels- und Valutamonopols. Sie leistet einen wesentlichen Beitrag für Recht und Ordnung im grenzüberschreitenden Reise-, Güter- und Postverkehr und damit für die Sicherheit der DDR.

Die Führung durch die Partei ist die entscheidende Quelle für die Stärkung der Nationalen Volksarmee und aller Schutz- und Sicherheitsorgane. Ziel und Maßstab für die gesamte Tätigkeit der Parteiorganisationen ist und bleibt die Erfüllung des Klassenauftrages. Der Verbesserung der Dienst-, Arbeits- und Lebensbedingungen muß weiterhin die Aufmerksamkeit aller Vorgesetzten, aller Partei-, Gewerkschafts- und FDJ-Organisationen gelten.

VI. Die SED ist die Partei der Arbeiterklasse und des ganzen Volkes

Liebe Genossinnen und Genossen!

Das Werden und Wachsen unseres Arbeiter-und-Bauern-Staates, die sozialistischen Errungenschaften aller Werktätigen sind untrennbar verbunden mit den Leistungen der Sozialistischen Einheitspartei Deutschlands. Sie wurde, wie das Leben zeigt, ihrer Verantwortung als führende Kraft der Gesellschaft jederzeit gerecht. Auch bei uns erweist sich der Sozialismus als die Gesellschaftsordnung, die allein den Interessen und dem Wohl des Volkes dient, soziale Geborgenheit und hohen Bildungsstand, Freiheit, Demokratie und Menschenwürde für alle Werktätigen garantiert.

Gewiß ist noch eine große Arbeit zu leisten, um das Programm der SED in den verschiedensten Lebensbereichen zu verwirklichen. Aber die bisherigen Ergebnisse, die Millionen umfassende Masseninitiative zur Vorbereitung des XI. Parteitages, die Berichterstattung von 150 Kombinaten zum XI. Parteitag bestärken uns in der Überzeugung, daß wir unser Ziel Schritt für Schritt erreichen werden. Wir haben den Traditionen des Kampfes der deutschen Arbeiterklasse gegen Militarismus, Faschismus und Krieg viele eindrucksvolle Kapitel des sozialistischen Aufbaus und des Kampfes um den Frieden hinzugefügt.

Wenn man sich vor Augen hält, was wir uns für die kommenden Jahre vornehmen, dann tritt noch deutlicher zutage, daß sich die führende Rolle der Partei beim Aufbau des Sozialismus ständig erhöht. Wir gehen der Zukunft mit der Gewißheit entgegen, daß unsere Partei dieser Verantwortung gerecht wird. Sie handelt einheitlich und geschlossen, ist gewachsen, hat weiter an Kampfkraft gewonnen und viele wertvolle Erfahrungen gesammelt. Zielstrebig realisiert sie ihre Strategie und Taktik.

Die SED ist die Partei der Arbeiterklasse und des ganzen Volkes, sie kommt aus dem Volk, sie gehört zum Volk und stellt ihre ganze Kraft in den Dienst am Volk. Als bewußter, organisierter Vortrupp der Arbeiterklasse und aller Werktätigen lenkt und mobilisiert sie das Schöpfertum und die Initiative der Massen bei der Gestaltung eines Daseins, in dem der Mensch ein Mensch sein kann und ihm die Früchte seiner Arbeit selbst zugute kommen.

Unsere Partei ist ein lebendiger Organismus, der mit neuen Aufgaben wächst. Ihre enge Verbindung zum Leben der Arbeiterklasse und des gesamten Volkes widerspiegelt sich auch darin, daß ihr ein ständiger Strom der besten Kräfte zufließt. Von den 2 304 121 Mitgliedern und Kandidaten unserer Partei sind 58,1 Prozent ihrer sozialen Herkunft nach Arbeiter, 4,8 Prozent sind Genossenschaftsbauern und 22,4 Prozent Angehörige der Intelligenz.

Auf die große Bewegung und die Volksaussprache zur Vorbereitung des XI. Parteitages sind die Parteiwahlen wie ein zündender Funke übergesprungen. Sie standen im Zeichen offener, konstruktiver und kämpferischer Beratungen, wobei die bisherigen Ergebnisse der Tätigkeit einer Prüfung unterzogen und die künftigen Vorhaben festgelegt wurden. Kritik und Selbstkritik auf allen Ebenen nehmen als ein Entwicklungsgesetz der Partei ihren festen Platz im innerparteilichen Leben ein. Davon konnte sich jeder anhand der vom Zentralkomitee veröffentlichten Berichte und Einschätzungen über die persönlichen Gespräche mit jedem Parteimitglied, die Wahlen in den Grundorganisationen und die Delegiertenkonferenzen, die Mitgliederbewegung der SED überzeugen. Er konnte sich eingehend damit vertraut machen, was der XI. Parteitag erörtern und worüber er Beschlüsse fassen wird. Das erklärt, warum die Parteiwahlen über ihre Bedeutung für das innerparteiliche Leben hinaus in der gesamten Gesellschaft solches Interesse gefunden und auf die Aktivität der Menschen ausgestrahlt haben.

Unsere Partei ist aus dem Zeitabschnitt seit dem X. Parteitag vor allem deshalb weiter gestärkt hervorgegangen, weil sie ihre vertrauensvolle Verbundenheit mit den Massen festigte, ihren Arbeitsstil noch lebensnaher gestaltete und ihren organisierten Einfluß in allen Bereichen der Gesellschaft erhöhte. Konsequent wenden wir das Prinzip des demokratischen Zentralismus an, das alle Bedingungen und Vorzüge enthält, durch einheitliches Handeln vom Zentralkomitee bis zu den Grundorganisationen die Kräfte zu vervielfachen und sie auf die Lösung jener Fragen zu konzentrieren, die im Interesse der ganzen Gesellschaft vorrangig sind. Dabei kommt der allseitigen Entfaltung des innerparteilichen Lebens, der freimütigen, konstruktiven Erörterung aller Parteiangelegenheiten wachsendes Gewicht zu. Je umfassender und aktiver die Genossen in diese Beratung, in die Durchführung und Kontrolle der Parteibeschlüsse einbezogen werden, je gründlicher sie sich mit unserer Weltanschauung, mit der Strategie und Taktik, mit der Geschichte der Partei vertraut machen, desto mehr prägt sich ihr verantwortungsbewußtes, diszipliniertes Handeln aus.

Wir bleiben dabei, das Wachstum der Partei, getreu den Leninschen Prinzipien der individuellen Auswahl und Aufnahme neuer Kämpfer, auf die qualitativen Faktoren zu richten, und setzen den Weg des geringfügigen zahlenmäßigen Wachstums fort. Im Vordergrund steht die Aufnahme der bewußtesten Produktionsarbeiter und Genossenschaftsbauern. Die neuen Kampfgefährten sollen in der überwiegenden Mehrzahl vorbildliche Mitglieder des sozialistischen Jugendverbandes, insbesondere aus Jugendbrigaden und Jugendforscherkollektiven, sein.

Bei der Verteilung der Parteikräfte gehen wir davon aus, daß der Einfluß der Partei in allen Bereichen der Gesellschaft, vor allem in den Zentren der Arbeiterklasse, in den Stätten der sozialistischen Großproduktion, stabil gewährleistet und dabei den grundlegenden Veränderungen in der Struktur der Volkswirtschaft Rechnung getragen wird. Die Fortschritte bei der Stärkung des Parteieinflusses in Forschung, Entwicklung, Konstruktion und Projektierung gilt es weiter auszubauen. Als sehr wichtig erachten wir einen stabilen Parteikern in jenen Reproduktionsabschnitten, wo Schlüsseltechnologien entwickelt und produktiv angewandt werden.

Die politische Massenarbeit der Partei erzielt ihre Wirksamkeit vor allem dadurch, daß sie aufs engste mit der gesellschaftlichen Praxis, mit dem täglichen Kampf um die Friedenssicherung, mit dem Leben der Menschen verbunden ist. So betrachten wir das Gespräch der Kommunisten mit allen Bürgern über die Grundfragen unserer Zeit, über die sie bewegenden Anliegen und Probleme als Aufgabe, die nirgendwo vernachlässigt werden darf. Sehr genau sollten dabei die konkreten Bedingungen und neuen Anforderungen beachtet werden. Nicht zu übersehen ist die Tatsache, daß heute in der DDR bereits Generationen leben, denen die sozialistische Lebensweise eigen ist, deren Denken und Handeln, deren Gewohnheiten von einem sozialistischen Verhältnis zur Arbeit, von viel Bildung, Wissen und Informationen geprägt werden.

Mehr denn je gilt es, den Leistungswillen der Werktätigen, ihr Wissen und ihre berufliche Meisterschaft, Aufgeschlossenheit für das Neue und solche Traditionen unserer Arbeiterklasse und Intelligenz wie Fleiß, Zuverlässigkeit und Disziplin zu fördern. Engagiertes Eintreten für den wissenschaftlich-technischen Fortschritt, für die Durchsetzung unserer ökonomischen Strategie ist heute Ausdruck revolutionären Denkens und Handelns. In den abrechenbaren Ergebnissen der Werktätigen widerspiegelt sich letztlich auch die Wirksamkeit der politischen Massenarbeit unserer Partei. Sie ist um so größer, je mehr jeder Kommunist seiner Verantwortung gerecht wird, Vertrauensmann des Volkes zu sein, getreu dem Grundsatz, wo ein Genosse ist, da ist die Partei.

Presse, Rundfunk und Fernsehen der DDR erfüllen ihren Auftrag, die Bürger umfassend über unsere Politik, über das innen- und außenpolitische Geschehen zu informieren, ihre wachsenden geistig-kulturellen Ansprüche zu befriedigen und ihre aktive Teilnahme am gesellschaftlichen Leben sowie den Erfahrungsaustausch zu fördern.

Dies ist um so wichtiger, als die Massenmedien heute in der weltweiten Auseinandersetzung um Frieden, Freiheit und sozialen Fortschritt als Instrumente der Politik sowohl der einen wie der anderen Seite eine immer größere Rolle spielen. In Anbetracht der vor uns stehenden Aufgaben stellt das selbstverständlich große Ansprüche an die weitere Erhöhung ihres Niveaus.

Eine herausragende Leistung ist der Fernsehfilm „Ernst Thälmann", der zu einem bewegenden politischen und künstlerischen Erlebnis wurde. Dafür gilt den Schöpfern, die diesen Film dem XI. Parteitag widmeten, unser herzlicher Dank. Das Fernsehen hat sich damit selbst hohe Maßstäbe gesetzt, und wir sind gewiß, daß der mit dem Thälmann-Film gegebene kraftvolle Impuls für die Erhöhung der Qualität in großer Breite genutzt wird.

Liebe Genossinnen und Genossen!

An unserer Seite steht eine Jugend, die sich von kommunistischen Idealen leiten läßt. Die junge Generation gehört zu den aktivsten Kämpfern für das Wohl der Werktätigen und für den Frieden. So erweist sie sich des Vermächtnisses der besten Söhne und Töchter des deutschen Volkes, der Streiter für Freiheit und Recht, gegen Krieg und Faschismus würdig. Mit großer staatsbürgerlicher Verantwortung setzt sie das Werk der Aktivisten der ersten Stunde an der Seite ihrer Väter und Mütter fort. Ihr erklärtes Lebensziel besteht darin, sich mit hohem Wissen und fachlichem Können, mit ihrer jugendlichen Unrast und ihrem revolutionärem Drang nach Neuem als Erbauer der sozialistischen Gesellschaft zu erweisen.

Unsere Politik des Vertrauens und der Verantwortung für die Jugend garantiert ihr Entfaltungsmöglichkeiten und soziale Errungenschaften wie keiner anderen jungen Generation in der deutschen Geschichte. Folgerichtig hat die Jugend den guten Weg unseres Arbeiter-und-Bauern-Staates zu allen Zeiten durch ihre Taten bewußt mitgestaltet. Wir Kommunisten sind stolz darauf, daß auf den Barrikaden der sozialistischen Revolution neben dem roten Banner unserer Partei immer auch die blaue Fahne der Freien Deutschen Jugend weht. Die junge Thälmannsche Garde bewährt sich als Helfer und Kampfreserve der SED. Das Leben beweist, daß Jugend und Sozialismus zusammengehören. Nichts und niemand wird unsere Kampfgemeinschaft mit der jungen Generation jemals trennen können.

Was die junge Generation kann und wie hingebungsvoll sie sich für ihr sozialistisches Vaterland, die Deutsche Demokratische Republik, einsetzt, das zeigte sie erneut eindrucksvoll beim „Ernst-Thälmann-Aufgebot der FDJ" und der „Pionierexpedition – Rote Fahne". Sie hat auf den Ruf unseres X. Parteitages in allen gesellschaftlichen Bereichen mit Aktivitäten geantwortet, die das schnelle Tempo unserer Entwicklung wesentlich mitbestimmen und den zuverlässigen Schutz des Sozialismus garantieren.

Der Lebenssinn der Kommunisten wird immer mehr zur Lebenshaltung der Jugend. Das wird auch dadurch unterstrichen, daß in Vorbereitung des XI. Parteitages auf Vorschlag der Freien Deutschen Jugend 107 000 FDJ-Mitglieder als Kandidaten in unsere Partei aufgenommen wurden. Erlaubt mir, liebe Delegierte, diese jungen Genossinnen und Genossen in unseren Reihen herzlich zu begrüßen. Heute sind fast ein Viertel aller unserer Mitglieder und Kandidaten jünger als 30 Jahre. So wird erneut deutlich, daß unsere Partei sowohl mit ihrem Programm als auch in ihrer Zusammensetzung auch eine Partei der Jugend ist.

Wohin man in unserem Lande schaut, überall ist die Jugend mit ihren Initiativen zur Stärkung des Sozialismus gegenwärtig. Die Jugend der DDR hat die Herausforderung der wissenschaftlich-technischen Revolution angenommen. Das zeigen die über 45 000 Jugendbrigaden, die Ergebnisse der Bewegung der Messe der Meister von morgen und die mehr als 4000 Jugendforscherkollektive, die zu den Bahnbrechern der Schlüsseltechnologien gehören.

Undenkbar ist ohne die Jugend die rasche und attraktive Ausgestaltung unserer Hauptstadt. Inzwischen arbeiten über 20 000 junge Delegierte aus allen Bezirken im Rahmen der „FDJ-Initiative Berlin". Zusammen mit ihren erfahrenen Kollegen helfen zahlreiche Jugendkollektive entscheidend mit bei der Elektrifizierung der Eisenbahn, bei der Intensivierung der Chemiefaserindustrie und bei der Entwicklung der Tierproduktion. In der Sowjetunion sind sie dabei, Erdgas- und Rohstoffvorkommen zu erschließen. Zehntausende Jugendliche sind dem Auftrag ihres Jugendverbandes und ihres Herzens gefolgt und vollbringen an den Brennpunkten unserer Volkswirtschaft und als junge Internationalisten in den „Freundschaftsbrigaden der FDJ" im Ausland hervorragende Leistungen. Dafür gebührt ihnen besonderer Dank.

Anregender gestaltet der Jugendverband das geistig-kulturelle, touristische und sportliche Leben in seinen Grundorganisationen und Jugendklubs. Er fördert beispielhaft die Entwicklung eines dem Sozialismus tief verbundenen künstlerischen Nachwuchses. Seit der Kulturkonferenz der FDJ gestaltet sich die Partnerschaft der FDJ und der Kulturschaffenden immer fruchtbarer.

Erfolgreich leitet der Jugendverband die kommunistische Erziehung in der Pionierorganisation „Ernst Thälmann". Die Pionierleiter, die Lehrer, Erzieher und Patenbrigaden setzen sich gemeinsam mit den FDJ-Mitgliedern engagiert dafür ein.

Von unserem XI. Parteitag wenden wir uns an die Mitglieder der Freien Deutschen Jugend, an alle Jugendlichen der Deutschen Demokratischen Republik: Ihr, die ihr heute jung seid, werdet in der Blüte eures Lebens das Banner der Errungenschaften des Sozialismus auf deutschem Boden über die Schwelle des neuen Jahrtausends tragen. Bereitet euch darauf vor! Mit eurer Arbeit und eurer Verteidigungsbereitschaft, mit eurem Wissen und Können, mit eurem Fleiß und eurem Schöpfertum bestimmt ihr den künftigen Weg unseres Arbeiter- und-Bauern-Staates mit.

Studiert den Marxismus-Leninismus, lernt aus der Geschichte, übernehmt die revolutionären Erfahrungen der Generationen vor euch und geht auf ihrem Wege mit eigenen Schritten voran.

Befähigt euch, jederzeit der stürmischen Entwicklung von Wissenschaft und Technik gewachsen zu sein. Tragt mit unbedingtem Leistungswillen und höchster Arbeitsmoral dazu bei, die Wirtschaftsstrategie unserer Partei umfassend zu verwirklichen. Bewährt euch in den Jugendbrigaden, Jugendforscherkollektiven und Jugendobjekten, in der Bewegung der Messe der Meister von morgen und bei den ökonomischen Initiativen der FDJ als Initiatoren des Neuen. Die wissenschaftlich-technische Revolution zu meistern, ist heute eine Aufgabe von revolutionärer Bedeutung für die gesamte junge Generation.

Stärkt durch eure Tat den Sozialismus. Nur er garantiert der jungen Generation ein Leben in Frieden und Freiheit, in Menschenwürde und sozialer Sicherheit. Entwickelt und erprobt euer Talent, entfaltet eure Fähigkeiten und nehmt bewußt teil an der Verwirklichung der Politik unserer Partei. Erschließt euch die Schätze der Wissenschaft, der Kultur und Kunst als ständige Weggefährten eures Lebens. Bereichert sie mit neuen eigenen Schöpfungen.

Stellt euch mit euren Freunden in der Sowjetunion und in den anderen Ländern der sozialistischen Gemeinschaft den neuen Dimensionen der sozialistischen Integration. Festigt die Freundschaft mit der fortschrittlichen Jugend aller Nationen und steht in antiimperialistischer Solidarität fest an der Seite der Völker, die um ihre nationale und soziale Befreiung kämpfen.

Das Leben im Sozialismus ist für jeden eine große Chance. Lernt und arbeitet, arbeitet und lernt so, daß jeder von euch in Wort und Tat als sozialistischer Patriot und proletarischer Internationalist, als schöpferischer Mitgestalter und standhafter Verteidiger der sozialistischen Revolution auf deutschem Boden bestehen kann. Vereint alle eure Kräfte im Kampf um die Lösung der wichtigsten Aufgabe der Gegenwart – die Sicherung des Friedens. Je stärker der Sozialismus, desto sicherer der Frieden; je sicherer der Frieden, desto klarer die Zukunft der Jugend.

Unsere Partei ist gewiß, daß ihr auch bei der Verwirklichung der Beschlüsse des XI. Parteitages mit in den ersten Reihen kämpfen werdet für die allseitige Stärkung unseres sozialistischen Vaterlandes und die Sicherung des Friedens. Ihr habt das Wort unserer Partei, daß wir jederzeit an eurer Seite stehen.

Liebe Genossinnen und Genossen!

Erneut bringen wir unsere tiefe internationalistische Verbundenheit mit allen kommunistischen und Arbeiterparteien, allen Kräften des Friedens und des Fortschritts in der Welt zum Ausdruck. Wir danken den Kommunisten, den Klassenbrüdern, allen Gefährten im Kampf um die lichten Ideale des Menschheitsfortschritts auf den verschiedensten Kontinenten für die uns erwiesene Solidarität. In ihrem Kampf, das versichern wir, können sie sich stets auf uns, auf die Deutsche Demokratische Republik und die Sozialistische Einheitspartei Deutschlands auch weiterhin verlassen.

Heute wirkt die kommunistische Bewegung als weltweite Bewegung von selbständigen, gleichberechtigten revolutionären Parteien in nahezu 100 Ländern. Inspiriert und vereint durch die Ideen von Karl Marx, Friedrich Engels und Wladimir Iljitsch Lenin, verbunden durch großartige Traditionen und reiche Erfahrungen des heroischen Freiheitskampfes der Arbeiterklasse und der Völker, gestärkt durch die historischen Errungenschaften des realen Sozialismus, kämpfen die Kommunisten für gemeinsame Ziele und Ideale, für Frieden, nationale und soziale Befreiung der Völker, für Sozialismus und Kommunismus. Die kommunistischen und Arbeiterparteien haben sich, teilweise unter schwierigsten Bedingungen, als hervorragende, selbstlose Vertreter der Interessen der Arbeiterklasse, aller Ausgebeuteten und Unterdrückten, als Verfechter der Existenzinteressen der Menschheit bewährt.

Vor allem in der festen Kampfgemeinschaft mit der KPdSU sieht die SED das Unterpfand erfolgreicher Tätigkeit beim sozialistischen Aufbau und im Ringen um den Frieden. Von der effektiven Zusammenarbeit der marxistisch-leninistischen Parteien in den Bruderländern hängt wesentlich ab, wie es gelingt, die Anziehungskraft und den internationalen Einfluß des Sozialismus zu erhöhen, die gesellschaftspolitischen Aufgaben seiner Entwicklung zu bewältigen und zur Sicherung des Weltfriedens beizutragen.

Die Vertiefung des internationalen Zusammenwirkens der Kommunisten gründet sich heute auf Selbständigkeit und Eigenverantwortung jeder Partei bei der Ausarbeitung und Durchführung ihrer Politik, bei der schöpferischen Suche nach Lösungen für ihre konkreten Aufgaben unter Berücksichtigung der nationalen und internationalen Bedingungen. Unterschiede im Herangehen an diese Aufgabe und mögliche Meinungsverschiedenheiten dürfen den gemeinsamen Kampf, die gemeinsame Verantwortung nicht beeinträchtigen.

Unvergessen bleibt die internationale Konferenz „Karl Marx und unsere Zeit — der Kampf um Frieden und sozialen Fortschritt" im April 1983 in Berlin. An dem wertvollen Erfahrungsaustausch beteiligten sich Vertreter von 145 kommunistischen und Arbeiterparteien, revolutionären Vorhutparteien, nationalrevolutionären Parteien und Befreiungsbewegungen, sozialistischen und sozialdemokratischen Parteien aus 111 Ländern.

Seit vielen Jahren entwickelt die SED auch Beziehungen zu sozialdemokratischen und sozialistischen Parteien kapitalistischer Länder. Im Zusammenhang mit der verstärkten Kriegsgefahr und der Notwendigkeit, gemeinsam dagegen zu handeln, haben diese Kontakte eine Ausdehnung erfahren und eine höhere Qualität erreicht. Wir begrüßen das gewachsene Engagement der Sozialistischen Internationale und ihrer Mitgliedsparteien für die Einstellung des Wettrüstens und für Abrüstung, namentlich die Stellungnahme ihrer Tagung im Oktober 1985 in Wien gegen die „Sternenkriegs"-Pläne der USA. Aufmerksam registrieren wir die Änderungen in den sicherheitspolitischen Vorstellungen der Mehrzahl sozialistischer bzw. sozialdemokratischer Parteien, so auch der SPD. Kommunisten und Sozialdemokraten sind, unbeschadet bestehender ideologischer und gesellschaftspolitischer Meinungsverschiedenheiten, wichtige Partner im Kampf für die Durchsetzung einer Politik des Augenmaßes, der Vernunft und des Realismus im Interesse des Friedens.

Ergebnisse solcher nützlichen Aktionen sind das Kommuniqué anläßlich meiner Gespräche mit dem Vorsitzenden der SPD, Willy Brandt, vom September vergangenen Jahres und die gemeinsame Initiative von SED und SPD zur Schaffung einer von chemischen Waffen freien Zone in Mitteleuropa. Gegenwärtig beraten Arbeitsgruppen von SED und SPD, angeregt durch Olof Palme, dessen Vermächtnis wir ehren, Vorschläge zur Schaffung einer von atomaren Gefechtsfeldwaffen freien Zone in Mitteleuropa.

Auch weiterhin werden wir konstruktive, der Sache des Friedens dienende Beziehungen mit allen Parteien und progressiven Kräften in der Welt fördern und vertiefen.

Liebe Genossinnen und Genossen!

Vor 40 Jahren, am 21. April 1946, besiegelten Wilhelm Pieck und Otto Grotewohl auf dem Vereinigungsparteitag der KPD und der SPD zur SED durch ihren historischen Händedruck das Ende der unseligen Spaltung der deutschen Arbeiterklasse und die Herstellung ihrer Einheit. Das war ein Ereignis von großer historischer Bedeutung. So entstand die Kraft, die fähig war, unser Volk auf dem Weg in ein neues Leben, bei der antifaschistisch-demokratischen Umwälzung und der sozialistischen Revolution, beim Aufbau des Sozialismus zu führen.

Vier Jahrzehnte mit ihren gewaltigen Veränderungen in der gesellschaftlichen Wirklichkeit unseres Landes legen Zeugnis davon ab, daß die SED ihrer Verantwortung gerecht geworden ist. Die Größe und Schönheit des Werkes, für das Partei und Volk gemeinsam tätig sind, inspiriert gleichermaßen diejenigen, die schon im ersten Viertel unseres Jahrhunderts auf den Barrikaden des revolutionären Kampfes gestanden haben, diejenigen, die im Widerstand gegen die braune Barbarei ihr Leben wagten, diejenigen, die 1945 und danach in die Reihen der Erbauer einer neuen Zukunft traten, und diejenigen, die bereits im Sozialismus geboren wurden und in ihm aufwachsen.

Entsprechend dem, was unser XI. Parteitag beschließen wird, gestalten wir weiter die entwickelte sozialistische Gesellschaft und schaffen so grundlegende Voraussetzungen für den allmählichen Übergang zum Kommunismus, wie es im Programm unserer Partei vorgezeichnet ist. Wir tun alles, damit unser Volk, damit die Welt in Frieden leben kann. Der Gemeinschaft der sozialistischen Bruderländer und der revolutionären Weltbewegung fest verbunden, erfüllen wir unsere internationalistische Verantwortung.

Alles zum Wohle des Volkes, alles für das Glück der arbeitenden Menschen!

Es lebe unsere sozialistische Deutsche Demokratische Republik!

Es lebe der proletarische Internationalismus!

Es lebe unsere Sozialistische Einheitspartei Deutschlands!

Inhalt

I. Die Beschlüsse des X. Parteitages sind erfüllt   5

II. Die internationale Lage und die außenpolitische Tätigkeit der SED   9

III. Unser Hauptkampffeld ist die Einheit von Wirtschafts- und Sozialpolitik   21

IV. Die Aufgaben der Wissenschaft und die weitere Entwicklung des geistig-kulturellen Lebens   55

V. Der sozialistische Staat und die Hauptrichtungen seiner Entwicklung   74

VI. Die SED ist die Partei der Arbeiterklasse und des ganzen Volkes   83